LA MERE COQUETTE, OU LES AMANS BROUILLÉS,

COMÉDIE

EN CINQ ACTES ET EN VERS,

Du célébre PHILIPPE QUINAULT.

NOUVELLE ÉDITION,

Revue, corrigée, & augmentée, avec le changement du caractére du Marquis de cette Comédie.

Prix, 30 sols.

A PARIS.

Chez P. FR. GUEFFIER, au bas de la rue de la Harpe.

M. DCC. LXIX.

Avec Approbation & Privilége du Roi.

AVIS.

L'on a fait imprimer cette Piéce, avec le papier, dans le format, & les mêmes caractéres de l'Édition de Quinault de 1739, qui est la derniere, afin que l'on puisse faire relier la Mere Coquette nouvelle à la suite de l'ancienne.

AVERTISSEMENT

Sur les changemens faits à cette nouvelle Édition, par M. Collé, Lecteur de Son Altesse Sérénissime Monseigneur le Duc d'Orléans, premier Prince du Sang.

La Mere Coquette, *ou* les Amans Brouillés, *Comédie en cinq Actes & en vers, du célébre M. Quinault, est la seule de ses Comédies qui soit restée au Théâtre.*

Les connoisseurs l'ont toujours regardée comme un chef-d'œuvre, & l'ont placée immédiatement après ceux de notre premier Génie comique, après ceux du sublime Moliere.

La Comédie *n'étoit point, comme l'on sçait,* le genre *du tendre Quinault; mais comme il étoit* le Poëte du sentiment, (*si j'ose m'exprimer ainsi,*) *l'on ne doit pas être surpris qu'il ait porté presqu'au plus haut degré de perfection sa Comédie de la Mere Coquette, dont le fonds du sujet le mettoit à même de faire la pein-*

ture de l'amour le plus tendre, le plus passionné & le plus délicat.

Cette Piece fut donnée, pour la premiére fois, en Octobre 1665 : cent ans, & plus, n'en ont point affoibli la force & les graces. Il y régne tant de vérité & de naturel ; tant de sentiment, & une pureté de stile si grande, que l'on imagineroit (à peu de chose près) *que sa premiére représentation est de 1765 ; & que, par une légere meprise, je ne me trompe, sur sa date, que de cent années seulement.*

Le seul défaut de la Mere Coquette, est le personnage du Marquis (a). *Il me*

(*a*) L'on peut présumer, cependant, que ce personnage du Marquis étoit une copie de quelques Marquis ridicules ; de quelques originaux du tems où vivoit M. Quinault ; mais en ce cas là même, ç'en seroit toujours une copie informe, peu exacte, trop chargée ; une trop forte caricature. Boileau a dit, dans ce même tems :

» Toutes fois, à la Cour *les Turlupins* resterent «. Et il faut avouer encore, que les Marquis des Comédies de Moliere tiennent un peu de cette charge ; quoiqu'à d'autres égards, il ait bien rendu la nature, dans ces mêmes caractéres.

Mais, dans celui du Marquis de la Mere Coquette de Quinault, l'on ose dire, que l'on n'y apperçoit pas le moindre fonds de vérité, *semble qu'il n'y a qu'une voix, là-dessus. Le sentiment général a toujours été que* ce caractére, *qui n'a aucune vérité, qui est même hors de toute vraisemblance, & dont le comique, enfin, est un comique forcé, déparoit un peu* ce chef d'œuvre de naturel. *Ce caractère n'est point du ton de couleur du reste de cet excellent tableau.*

J'avois été, plus d'une fois, tenté d'essayer de changer entiérement ce caractère, & de tâcher de le remettre dans la vérité de nos mœurs actuelles. Mais une juste crainte m'avoit toujours retenu; &, aujourd'hui, que j'ai cédé à cette tentation, ma crainte est beaucoup augmentée. J'ai peur d'être accusé d'une témérité présomptueuse; & qu'on ne me croye un amour-propre aveugle, d'avoir osé placer une de mes figures, à côté de celles d'un Corrége.

---

relativement à la connoissance du cœur humain, en général; &, mille fois moins, (comme l'on le croit bien) relativement à nos mœurs d'aujourd'hui. Et ce sont là les motifs qui m'ont inspiré, en partie, la hardiesse de refondre entierement ce caractére du Marquis. Dans cent ans d'ici quelqu'un pourra refondre encore ce même caractére, & lui donnera les nouveaux ridicules qui auront succédé aux nôtres.

Peut-être aura-t-on quelqu'indulgence pour la foiblesse de mon pinceau, & me passera-t-on mon audace, quand j'en découvrirai le motif le plus secret; quand j'avouerai que c'est, dans la vue de plaire à un très-grand Prince, chéri de tout le monde, & qui mérite de l'être: Que c'est, dis-je, dans l'intention de lui faire ma cour, que j'ai hazardé de me mettre à ce travail épineux & ingrat. Je ne dirai point qu'il m'en avoit donné l'ordre; je mentirois. Mais je dirai que j'avois deviné le desir qu'il avoit de me le voir entreprendre. J'ai prévenu son desir à cet égard. C'est déjà une premiere satisfaction que j'ai goûtée, je voudrois bien pouvoir me flatter d'en goûter une seconde; & que le Public m'honorât d'une espéce d'approbation. Je me rends justice; & je sens bien que, dans ce cas là, je ne pourrois me dispenser de m'appliquer le proverbe: » Il est plus heureux, » que sage ».

Il me reste à dire, qu'indépendamment du caractère du Marquis, j'ai fait encore quelques légers changemens à cette Comédie. J'ai rajeuni quelques expressions, retranché quelques vers, ajoûté ou refait quelques autres. Mais il n'étoit peut-être pas besoin d'en avertir, l'on ne s'en ap-

percevra, ſans doute, que trop. Il eût été à deſirer, & j'ai deſiré plus d'une fois moi-même, qu'une meilleure main que la mienne, ſe fût chargée de cet Ouvrage, & que ce beau monument de nôtre Théâtre eût été réparé par quelqu'un, qui eût plus de talens, que je n'en ai.

ACTEURS.

ISMÉNE, *Mere d'Isabelle.*

ISABELLE, *Amoureuse d'Acante.*

ACANTE, *Amoureux d'Isabelle.*

CRÉMANTE, *pere d'Acante.*

LE MARQUIS, *neveu de Crémante.*

LAURETTE, *suivante d'Ismene.*

CHAMPAGNE, *Valet de-Chambre d'Acante.*

L'ŒUILLET, *Coureur du Marquis.*

La Scène est à Paris, dans le Sallon d'Ismene.

LA MERE COQUETTE, OU LES AMANS BROUILLÉS, COMÉDIE.

ACTE I.

SCENE PREMIERE.

LAURETTE, CHAMPAGNE.

LAURETTE.

Tu n'es donc pas content? Vraiment c'est une honte!
Je t'ai baisé deux fois.

CHAMPAGNE.

Quoi! tu baises par compte?
Après un an d'absence, au retour d'un amant,
Tu crois que deux baisers ce soit contentement?

LAURETTE.

Hé, mon Dieu ! patience, un de ces jours j'espére
Que de moi sur ce point tu ne te plaindras guére.
Mais parlons de mon maître, & sans déguisement.

CHAMPAGNE.

N'ai-je pas là-dessus écrit bien amplement ?

LAURETTE.

Oui, qu'on t'avoit fait faire en vain un grand voyage
Pour chercher ce bon homme & l'ôter d'esclavage,
Et que n'en ayant pû trouver nulle clarté,
Tu revenois enfin sans l'avoir racheté :
A ce compte il est mort ?

CHAMPAGNE.

Cela ne veut rien dire;
Et ta maîtresse encor n'a que faire de rire.

LAURETTE.

Comment, rire ?

CHAMPAGNE.

Oh que non.

LAURETTE.

Qu'est-ce donc que tu crois ?

CHAMPAGNE.

Mais toi, tu me crois donc un sot comme autrefois ?
Je ne l'étois pas tant que tu l'aurois pû croire,
Quand je te dis adieu... Si j'ai bonne mémoire,
Ce fut en cette salle, en ce lieu justement ;
Comme je te faisois mon petit compliment,
T'assurois de mon mieux d'une ardeur sans seconde !
Hé, je m'en acquittai, je crois....

LAURETTE.

Le mieux du monde.

CHAMPAGNE.

Ta maîtreſſe ſurvint qui nous fit ſéparer,
Avec elle en ſa chambre elle te fit entrer;
Et chagrin de nous voir ſéparés de la ſorte,
Je voulus par dépit écouter à la porte.
J'ai l'oreille un peu fine; elle avoit le cœur gros,
Elle le débonda d'abord par des ſanglots,
Puis d'un ton aſſez aigre, elle te fit entendre
Quels maux de mon voyage elle devoit attendre,
Que j'allois lui chercher un époux irrité.
D'avoir langui long-tems dans la captivité.
Qu'elle alloit à ſon tour entrer dans l'eſclavage:
Enfin, qu'après ſept ans d'eſpoir d'un doux veuvage,
Un vieux mari chagrin viendroit troubler le cours
De ſes plus doux plaiſirs & de ſes plus beaux jours.
J'en aurois entendu davantage ſans peine,
Mais on vint à ſortir de la chambre prochaine;
J'eus peur d'être ſurpris, & je vois à regret
Que tu n'as pas voulu m'avouer ce ſecret.

LAURETTE.

C'eſt ta faute.

CHAMPAGNE.

Ma faute!

LAURETTE.

Oui, je te le proteſte.

CHAMPAGNE.

Si tu m'aimois aſſez...

LAURETTE.

Va, je t'aime de reſte.

CHAMPAGNE.

Quel ſecret entre amans doit-on jamais avoir?

LAURETTE.

Tu ne ſçaurois rien taire, & tu veux tout ſçavoir.

Crois-tu que quand je garde avec toi le silence,
Je ne me fasse pas beaucoup de violence?
Je suis fille, je t'aime, & me tais à regret,
Ce m'est un grand fardeau que le moindre secret;
Mais j'ai trop éprouvé ton caquet invincible,
Et ne m'y puis fier sans être incorrigible.

CHAMPAGNE.

Va, va, j'ai vû le monde, & je suis bien changé;
Si j'eus quelque défaut, je m'en suis corrigé;
Je sçais comme il faut vivre, & vivre avec adresse,
Je reviens du pays des sept Sages de Grece;
Et pour te faire voir que je me tais fort bien,
Je sçais un grand secret dont tu ne sçauras rien.

LAURETTE.

Qui? moi?

CHAMPAGNE.

Toi-même.

LAURETTE.

Encor, quel secret pourroit-ce être?

CHAMPAGNE.

Un secret qui me perd s'il est sçû de mon maître.
Son vieux pere, sur-tout, fâcheux au dernier point,
Est homme, là-dessus, à ne pardonner point.

LAURETTE.

Je ne puis donc prétendre à sçavoir ce mystere?

CHAMPAGNE.

N'étoit que tu croirois que je ne me puis taire;
Vois tu, je t'aime assez pour ne te rien celer;
Mais tu m'accuserois encor de trop parler.

LAURETTE.

Point, cela n'est pour moi d'aucune conséquence.

CHAMPAGNE.

Je veux sçavoir garder désormais le silence;
Et si je te dis tout, peut-être tu croiras....

LAURETTE.

Point du tout, je croirai tout ce que tu voudras.

CHAMPAGNE.

Tu ſçais quelle amitié de tout tems fit paroître
L'époux de ta maîtreſſe au pere de mon maître ;
Qu'ils étoient grands amis n'étant encor qu'enfans,
Et qu'il y peut avoir déjà près de huit ans
Que ton maître embarqué ſur mer pour ſes affaires,
Fut pris, & chez les Turcs vendu par des Corſaires.
Tu ſçais que ta maîtreſſe en eut peu de douleur,
Et très-patiemment ſupporta ce malheur ;
Que loin de rechercher, craignant ſa délivrance,
Elle le tint pour mort & prit le deuil d'avance.
Tu ſçait fort bien auſſi que la vieille amitié
Fit qu'enfin mon vieux maître en eut quelque pitié,
Et me chargea de faire en Turquie un voyage,
Pour chercher & tirer ſon ami d'eſclavage.
Je fus, comme tu ſçais, m'embarquer pour cela,
Tu ſçais enfin.... Comment ! quels geſtes fais-tu là ?

LAURETTE.

C'eſt que le ſang me bout, franchement, à t'entendre :
Si je ſçais tout cela, que ſert de me l'apprendre ?

CHAMPAGNE.

Je t'ai voulu conter le tout de point en point.

LAURETTE.

Conte-moi ſimplement ce que e ne ſçais point.

CHAMPAGNE. *lui faiſant ſigne de ſe taire*

Mais, au moins.....

LAURETTE.

Oui, dis donc.

CHAMPAGNE.

Tiens, (en toi je me fie,)
Je n'ai, ma foi, jamais été jusqu'en Turquie.

LAURETTE.

Comment?

CHAMPAGNE.

Un vent fâcheux à Malte nous jetta,
Où d'un certain vin Grec le charme m'arrêta.
Ta maîtresse aussi bien....

LAURETTE.

Laisse-là ma maîtresse,
Si l'on t'interrogeoit....

CHAMPAGNE.

Me crois-tu sans adresse?
Un vaisseau Turc fut pris, un Esclave Chrétien,
François, & pas trop sot pour un Parisien,
Trouvé sur ce vaisseau, fut mis hors d'esclavage;
Il étoit vieux, cassé, j'eus pitié de son âge,
Je l'ai par charité jusqu'à Paris conduit,
Et du Pays des Turcs il m'a fort bien instruit.
Veux-tu voir si je sçais...

LAURETTE.

Moi! puis-je m'y connoître?

CHAMPAGNE.

N'importe.

LAURETTE.

Quelqu'un vient, c'est Acante, ton maître.

SCENE II.

ACANTE, LAURETTE, CHAMPAGNE.

LAURETTE.

Vous nous trouvez causans, Monsieur Champagne & moi.

ACANTE.

Vous vous aimez toujours, mes enfans, je le voi.

CHAMPAGNE.

Hé! pourquoi non, Monsieur?

LAURETTE.

Avec même tendresse.

ACANTE.

Que vous êtes heureux! Mais voit-on ta Maîtresse?

LAURETTE.

On ne peut voir Madame encor de quelque tems.
Elle est à sa toilette.

ACANTE.

Il suffit, & j'attens.

CHAMPAGNE.

C'est-à-dire, entre nous, que Madame se farde.

LAURETTE.

Ne retiendras-tu point ta langue babillarde?

CHAMPAGNE.

Hé, ce n'est qu'entre nous.

ACANTE.

Que dites-vous tout bas?

LAURETTE.

Que la mere en ces lieux n'attire point vos pas;
Que la fille plutôt....

ACANTE.

Quoi! l'ingrate Isabelle?
Je l'aimois, je l'avoue, & d'une ardeur fidelle
Dès mes plus jeunes ans je m'en sentis charmé,
Et je puis dire, hélas! qu'alors j'étois aimé.
J'en avois chaque jour quelque douce assurance,
Tant qu'elle fut dans l'âge où regne l'innocence.
Elle vit avec joye, & même avec transport
Nos deux peres amis, de notre hymen d'accord,
Et j'attendois, des feux qu'en nous l'on voyoit naître,
Une éternelle amour, s'il en peut jamais être.
J'avois cru que son cœur pourroit se dégager
Du penchant naturel qu'a son sexe à changer;
Mais l'ingrate au mépris d'un feu tel que le nôtre,
Est changeante, sans foi, fille enfin comme une autre.

LAURETTE.

C'est traiter un peu mal notre sexe à mes yeux;
Les hommes, par ma foi, ne valent guere mieux;
Et tel qui nous impute une inconstance extrême,
Souvent cherche querelle, & veut changer lui-même.
Quand les traîtres sont las, Messieurs sont les jaloux.

ACANTE.

Crois-tu.....

LAURETTE.

Ce que j'en dis, Monsieur, n'est pas pour vous.
Isabelle, sans doute, agit d'une maniere
Qui fait voir qu'avec vous elle rompt la premiere;

Et malgré ſes mépris, malgré tous ſes rebuts,
Je ne jurerois pas que vous ne l'aimiez plus.

ACANTE.

Moi ! que j'aime une ingrate ! une inconſtante
fille....
Mais eſt-elle en ſa chambre ?

LAURETTE.

Oui, Monſieur, qui s'habille ;
Un homme y vient d'entrer.

ACANTE.

Qui ?

LAURETTE.

Qui vous craint fort peu.
Beau, jeune.

ACANTE.

Et c'eſt ?

LAURETTE.

Déjà vous voilà tout en feu ;
Il n'a que ſoixante ans ; c'eſt Monſieur votre
pere.

ACANTE.

Mon pere ? Hé, que fait-il ?

LAURETTE.

Hé, que pourroit-il faire
Courbé ſur ſon bâton, le bon petit vieillard
Touſſe, crache, ſe mouche & fait le goguenard,
De contes du vieux tems étourdit Iſabelle ;
C'eſt tout ce que je crois qu'il peut faire auprès
d'elle.

ACANTE.

Crois-tu qu'elle aime ailleurs ?

CHAMPAGNE.

Là, dis ?

LAURETTE.

Je le crois bien ;
Mais pour dire qui c'eſt, Monſieur, je n'en ſçais
rien.

CHAMPAGNE.

Seroit ce point....

ACANTE.

Qui donc ?

CHAMPAGNE.

Attendez, que j'y pense.
Le Marquis ?

ACANTE.

Mon cousin ? J'y vois peu d'apparence.

LAURETTE.

Il est vrai : ce cousin de lui-même charmé,
N'est pas absolument trop fait pour être aimé.
Brave, & ne rendant point un argent qu'on lui prête,
Il se battra plûtôt que d'acquitter la dette.
Sans ordre dans ses biens, non plus qu'en ses propos.
C'est un homme qui doit n'en imposer qu'aux sots;
Qui parle & qui n'attend jamais qu'on lui réponde;
Un singe assez mauvais, des gens du très-grand monde;
Dont pourtant votre pere est si fort entêté,
Qu'engoué comme il l'est des gens de qualité,
Pour sa naissance seule, on dit qu'il le respecte...
Il se peut cependant que ce petit insecte
(Assez joli d'ailleurs,) inspire de l'amour....
L'amour est si fantasque !

CHAMPAGNE.

Oui, tout change en un jour.
Et puis, il est Marquis, c'est ainsi qu'on le nomme;
Et ce titre annoblit tous les travers d'un homme.

ACANTE.

Isabelle pourroit ?... Non, son goût délicat
Sçait mettre à leur valeur les agrémens d'un fat.

Quelque juste dépit qui contre elle m'aigrisse,
Je ne lui sçaurois faire encore cette injustice.
Mais si je connoissois mon rival trop heureux!..

LAURETTE.

Ah! vous êtes, Monsieur, encor bien amoureux.

ACANTE.

Non, je ne veux plus l'être après un tel outrage.

LAURETTE.

Quand on l'est malgré soi, on l'est bien davantage;
On ne m'y trompe pas, je m'y connois trop bien.

ACANTE.

Hélas! que l'orgueilleuse au moins n'en sçache
rien;
Si l'ingrate qu'elle est connoissoit ma tendresse,
Elle triompheroit encor de ma foiblesse.

LAURETTE.

Vraiment, sans lui-rien dire, elle en triomphe
assez,
Et vous raille en secret plus que vous ne pensez;
Elle ne croit que trop que vous l'aimez encore.

ACANTE.

L'ingrate me méprise & croit que je l'adore.
Dis-lui qu'elle s'abuse; oui, mais dis-lui si bien...

LAURETTE

Ma foi, j'aurai beau dire, elle n'en croira rien;
Elle tient votre cœur trop sûr sous son empire.

ACANTE.

Je l'empêcherai bien de m'en oser dédire,
Ce cœur, ce lâche cœur....

SCENE III.

LE MARQUIS, ACANTE. CHAMPAGNE, LAURETTE.

LE MARQUIS, (*prenant les airs d'un homme de la Cour.*)

CHER Cousin, te voilà !
Que je t'embrasse !... Encor !... Encor cette fois-là.

ACANTE.

Vous m'étouffez, Monsieur ! Laurette se retire ?

LAURETTE, (*se retirant au fond du théâtre.*)

Monsieur Champagne encore a deux mots à me dire.

LE MARQUIS.

Comment, Monsieur Champagne ! Il est donc revenu ?
Il sent son honnête homme, & je l'ai méconnu ;
Lorsqu'il étoit laquais il n'étoit pas si sage.

CHAMPAGNE.

Ni vous non plus, Monsieur, lorsque vous étiez page.

LE MARQUIS.

De te voir de retour, je reste confondu ;
Je t'ai cru....

CHAMPAGNE, (*l'interrompant.*)

Quoi, noyé ?

LE MARQUIS.

Non ; mais un peu pendu.

Champagne, sans rien répondre au Marquis, lui fait une profonde révérence, se retire, rejoint Laurette, & ils sortent ensemble, en se moquant du Marquis.

SCENE IV.

ACANTE, LE MARQUIS.

ACANTE, (*souriant, & d'un ton poli.*)

Je ris, mon cher Cousin ; mais daignez me permettre :
C'est avec des Valets, risquer de se commettre,
Que de les plaisanter, — & d'ailleurs sur un ton,
Qu'on peut, à la rigueur, ne pas trouver trop bon.

LE MARQUIS, (*avec les plus grands airs.*)

Tu veux me mesurer à ta petite toise,
Mon cher roi !... Laisse là ta décence bourgeoise,
Et ton grand air uni. — Tu blâmes mes façons ?
Mais, mais, prétendrois-tu me donner des Leçons ?
A moi, qui vis là-bas ?

ACANTE.

Où là-bas ?

LE MARQUIS.

à Versailles ;
Où je donne le ton ; .. ce ton dont tu me railles.

ACANTE, *à part.*

Le fat ! (*haut :*) Oh ! je me tais.

LE MARQUIS.

Tu fais bien, & je croi
Qu'au lieu de me fronder il faut m'imiter, moi ;
Penses-y mûrement. — Mais, changeons de matiere :
Je viens chercher ici ton pere à ta priere ;

Je veux en ta faveur lui parler haut, très-haut.

ACANTE.

Il est en cette chambre, & sortira bientôt,
Sur-tout....

LE MARQUIS, (*l'interrompant.*)

Je sçais par cœur tout ce qu'il faut lui dire;
Laisse-nous seuls ici.

ACANTE.

Quoi! ..... que je me retire;
Sans m'informer de lui, du moins de sa santé?

LE MARQUIS, (*d'un air malin.*)

Eh! ne te pique point de tant d'honnêteté!
Elle est toujours suspecte.

ACANTE, (*s'écriant.*)

Ah!

LE MARQUIS.

Non, l'on n'aime guere;
Ces soins si curieux de la santé d'un pere.
Quand ce pere, sur-tout, sentant sa dureté,
Croit qu'il sera, d'un fils assez peu regretté.
Le tien, qui tous les jours retranche ta dépense...

ACANTE, (*l'interrompant.*)

Sur ce point, il est vrai qu'il lasse ma constance;
D'autant plus, que ma mere étant morte, il est sûr
Qu'à cet égard, je puis l'empêcher d'être dur;
Et qu'il est des moyens, sans manquer à son pere,
De demander le bien que nous laisse une mere.

(*Disant ce qui suit, avec la plus grande chaleur.*)

Mais, mais, ce n'est par là sa plus grande rigueur:
De plus (ce coup, sur-tout, m'a percé jusqu'au cœur;)

Lui-même qui, pour moi, fit le choix d'Isabelle,
A cessé d'approuver mon hymen avec elle;
M'a dit qu'il étoit prêt à m'engager ailleurs;
Et jettoit l'œil pour moi sur des partis meilleurs.
J'eus beau de mon amour lui marquer la tendresse,
Il la nomma folie, aveuglement, yvresse;
Et paya mes raisons, sans en être adouci,
D'un: (*Je suis votre pere, & je le veux ainsi.*)

LE MARQUIS

Laissons l'amour à part; parlons pour ta dépense....
Mais, sors; j'entens tousser, & le bon homme avance.

ACANTE.

C'est lui! priez, pressez....

LE MARQUIS, (*l'interrompant.*)

Attend tout de mes soins.
Je veux qu'il te fournisse au-delà des besoins.
En le perdant d'éloge, on en peut tout attendre;
Et je vais le louer,... va: je sçaurai le prendre.

Acante se retire.

SCENE V.

CRE'MANTE, LE MARQUIS.

CRE'MANTE, (*entrant en toussant.*)

C'EST vous, mon cher Neveu! Qui vous croyoit si près?

LE MARQUIS, (*d'un air poli.*)

Achevez de tousser, vous parlerez après,

Mon Oncle.

CRE'MANTE, (*toussant plus fort.*)

Eh ! non ! ma toux n'est qu'une minutie.

LE MARQUIS, (*lui frappant doucement sur le dos, avec l'air de s'intéresser à lui.*)

Quelques coups sur le dos !

CRE'MANTE.

Ah ! je vous remercie !
La moindre émotion me fait tousser d'abord.

LE MARQUIS.

Qui peut donc si matin, vous émouvoir si fort ?

CRE'MANTE, (*d'un air transporté de joie.*)

Ah ! c'est une avanture !.... un hasard, ... un miracle !...
C'est. je viens de jouir du plus charmant spectacle...
Une belle personne !...

LE MARQUIS, (*l'interrompant.*)

Ah ! c'est un fait galant !—
Vous portez en amour, loin ;... bien loin le talent ;
Eh ! vous ne faites point des conquêtes communes !...
Mon Oncle, vous mourrez homme à bonnes fortunes,
Je vous l'ai dit cent fois.

CRE'MANTE (*d'un air satisfait.*)

Ecoute donc ! entends !

LE MARQUIS.

Enflâmer tous les cœurs, encor, à cinquante ans !

CRE'MANTE.

Vous me flattez, Marquis ; j'en ai plus de soixante.

LE

LE MARQUIS.

Vous ne paroissez pas en avoir plus de trente.
Nous ne vous valons pas, nous autres jeunes gens.

CRE'MANTE.

Eh! l'on n'est pas si vieux encor, à soixante ans!

LE MARQUIS, (*d'un ton affirmatif.*)

Non, non, vous êtes sain.

CRE'MANTE.

Oui, je le suis sans doute.
Hors quelques petits maux, comme atteinte de goutte,
Douleurs de nerfs, mon rhume . . .

LE MARQUIS, (*l'interrompant.*)

Oh! tout cela n'est rien.

CRE'MANTE.

Enfin, à cela près, je me porte fort bien.
Tout vieux que je parois, l'âge encore me laisse
Quelque vivacité, des retours de jeunesse;
Un cœur tendre, & sensible; un cœur fait pour aimer.

LE MARQUIS.

Ajoûtez à cela le don de tout charmer.

CRE'MANTE, (*le remerciant par quelque signe.*)

Je ne vous dis donc point, qu'enfin, en secret, j'aime;
Que je suis, depuis peu, rival de mon fils même.

LE MARQUIS, (*d'un air d'applaudissement.*)

Oh! vous me l'avez dit plus d'une fois!

CRE'MANTE.

Aussi;
Mon dessein n'est-il pas de le redire ici;

Mais de dire : qu'un feu, dont tout mon sang
s'allume,
M'éveillant, ce matin, plutôt que de coutume,
J'ai familierement usé de mon crédit ;
Et surpris Isabelle, au sortir de son lit. —
Je n'ai jamais senti mon ame plus émue.
Sa beauté négligée, en sembloit être accrue ;
Son désordre charmoit — un long & doux sommeil,
Avoit rendu son teint plus frais, & plus vermeil ;
Rallumé ses regards ; & jetté sur sa bouche,
Du plus vif incarnat une nouvelle couche. —
Sans art, sans ornemens, sans attraits empruntés,
Elle étoit belle enfin, de ses propres beautés. —
Sous le nom de bon homme, & d'ami de son
pere,
Je l'ai vûe habiller, sans façons, sans mystére ;
J'ai fait pour l'amuser des contes de mon mieux..
Et Dieu sçait, cependant comme j'ouvrois les
yeux.
En se chaussant j'ai vu... (rien n'est mieux fait au
monde,)
J'ai vu certain morceau de jambe blanche &
ronde :
Mais, n'allez pas l'aimer, au moins sur mon récit !

LE MARQUIS.

Qui, moi ? quelle folie ! ... à la Cour l'on
choisit ;
Et vous croyez qu'ici cazanier, & tranquille,
Je vais aimer sans bruit, vos femmes de la ville ?
Non, mon Oncle, en amour c'est le bruit que
je veux ;
Mais du bruit dans le grand ; même un peu scandaleux.

CRE'MANTE, (*d'un ton badin.*)

Votre présomption me paroît étoffée,

LE MARQUIS, (*d'un air de fatuité.*)

Point trop. — Ensuite :

CRE'MANTE.

Ensuite elle s'est donc coëffée.
J'ai goûté le plaisir de voir ses cheveux longs,
Tomber à flots épais, jusques sur ses talons ;
Et même si bien pris mon tems, & mes mesures,
Que j'en ai finement ramassé les peignures. —
Etant coëffée enfin, comme avec mille appas,
Pour prendre un corps de robe elle avançoit le bras,
Par bonheur tout-à-coup une épingle arrachée,
Qui tenoit sur son sein, sa chemise attachée,
M'a laissé voir à nud, l'objet le plus charmant...

(*Il tousse.*)

Ouf, ouf, je suis ému d'y penser seulement.

LE MARQUIS, (*souriant.*)

Votre toux reviendra ; ... changeons donc de langage ;
Aussi bien votre fils, à vous parler m'engage ;
Il crie après l'argent.

CRE'MANTE.

A ses cris je suis sourd ;
La jeunesse a besoin qu'on la tienne de court. —
Vos conseils, toutes fois, sont ceux que je veux suivre.

LE MARQUIS.

Point d'argent ! l'argent fait qu'au plaisir on se livre.
C'est l'aisance qui perd vos enfans aujourd'hui.
Dites-lui cependant que j'ai parlé pour lui ;
Mais que c'est pour son bien.

CREMANTE.

C'eſt ce que je projette.
Allez, ne craignez pas que je vous compromette.

LE MARQUIS.

Vous me prêterez bien à moi deux cent louis.
Lundi j'en avois mille, ils ſont évanouis.
C'eſt au jeu, . . . cette nuit, . . . une ſomme en-gloutie;
L'on ſoupe avec le maître; & l'on fait ſa partie,
J'y perds gros;.. c'eſt Dimanche un ſouper fin,.. très-fin,
A des femmes,... un feu,... la dépenſe eſt ſans fin.
A nous autres,... nos goûts ſont coûteux.... ils nous minent.
Quoiqu'on les ait pour rien, les femmes nous ruinent.
A la Cour, tous les cœurs s'y donnent noble-ment;
L'intérêt n'y fait pas le moindre arrangement;
Les femmes au contraire, aident. —— Mais les les dépenſes,
Qu'on fait dans leurs entours, en honneur, ſont immenſes.

CRE'MANTE, (*d'un air d'affec-tion.*)

Mais, réglez-les Marquis: j'ai toujours reſpecté
La dépenſe que font les gens de qualité,
Autant que jai haï celle de la finance.
Dans les gens d'un haut rang, elle eſt de con-venance;
J'y veux pourtant de l'ordre. Ainſi, mon cher Neveu,
Enrayez quelques fois; modérez vous un peu;
C étoit là mon refrein, à ma ſœur votre mere.
Venez prendre l'argent, dont vous avez affaire;

Mais, j'exige de vous, un service important.

LE MARQUIS.

Vous n'avez qu'à parler; & vous serez content.
Est-ce pour votre fils: quelque charge? une place,
Lucrative?... Il faut bien qu'on vous en débarrasse;
Et que dans l'opulence, on le voye nageant;
Qu'il ne vous vexe plus pour avoir de l'argent.
Mon crédit, pour cela, vous est-il nécessaire?

CRE'MANTE.

Non, maintenant l'amour est mon unique affaire;
Mon fils aime Isabelle, & c'est tout mon espoir,
De les brouiller ensemble; & de m'en prévaloir.

LE MARQUIS.

Fussent ils plus unis, que rien ne vous étonne;
Je sçais l'art de brouiller les gens mieux que personne;
C'est-là mon vrai talent, & mon soin le plus doux.

CRE'MANTE.

Il faudroit donc,....

LE MARQUIS, (*l'interrompant.*)

Allons résoudre tout chez vous.

Fin du premier Acte.

ACTE II.

SCENE PREMIERE.

ISMENE, ISABELLE, LAURETTE.

ISABELLE, (*sortant de son Appartement pour passer chez sa mere.*)

J'ALLOIS chez-vous, Madame.

ISMENE, (*avec aigreur.*)

Et qu'y veniez-vous faire ?

ISABELLE.

Vous rendre ce que doit une fille à sa mere,
Et sçavoir s'il vous plait que je suive vos pas
Chez votre Peintre ?

ISMENE (*l'interrompant.*)

Non, non, il ne me plait pas.

ISABELLE.

Chaque jour rend pour moi votre humeur plus sévére ;
Ne sçaurai je jamais d'où naît votre colere ?
J'essayerois, Madame . .

ISMENE.

Ah ! C'est trop discourir,
Allez, retirez-vous, je ne vous puis souffrir.

SCENE II.

ISMENE, LAURETTE.

LAURETTE.

MADAME, en vérité, cette rigeur m'étonne ;
Quoi ! Vous pour tout le monde & si douce & si bonne ,
Pour votre fille seule être rude à ce point ?

ISMENE.

J'en ai trop de raisons.

LAURETTE.

Je ne les conçois point ;
J'ignore d'où vient tant de haine pour elle ;
C'est une fille aimable ...

ISMENE.

Elle n'est que trop belle ,
Je sçais trop sur les cœurs quel empire elle prend.

LAURETTE.

Est-ce là tout l'outrage ?...

ISMENE.

En est-il un plus grand ?
De quel œil puis-je voir, moi qui par mon adresse ,
Crois pouvoir , si j'osois , me piquer de jeunesse ,
Une fille adorée , & qui malgré mes soins ;
M'oblige d'avouer que j'ai trente ans au moins ;
Et comme à mal juger on n'a que trop de pente,
De trente ans avouez , n'en croit-on pas quarante ?

LAURETTE

Il est vrai que le monde est plein de médisans ;
Mais on peut être belle encore à quarante ans.

ISMENE.

On le peut, mais enfin c'eſt l'âge de retraite ;
La beauté perd ſes droits, fut-elle encore parfaite,
Et la galanterie au moment qu'on vieillit,
Ne peut ſe retrancher qu'à la beauté d'eſprit.

LAURETTE.

Vous êtes trop bien faite, & c'eſt une chimère.

ISMENE.

Une fille à ſeize ans défait bien une mere ;
J'ai beau par mille ſoins tâcher de rétablir
Ce que de mes appas l'âge peut affoiblir,
Et d'arrêter par art la beauté naturelle
Qui vient de la jeuneſſe, & qui paſſe avec elle :
Ma fille détruit tout dès qu'elle eſt près de moi,
Je me ſens enlaidie ſi-tôt que je la voi,
Et la jeuneſſe en elle, & la ſimple nature,
Font plus que tout mon art, mes ſoins & ma parure ;
Fut-il jamais ſujet d'un plus juſte courroux ?

LAURETTE.

Elle a tort en effet, je l'avoue avec vous :
Mais on ſçait à ce mal le remede ordinaire.
Faites-là d'un Couvent au moins penſionnaire.
Quoi ! Vous hochez la tête ? Eſt-ce que vous doutez
Qu'Iſabelle oſe rien contre vos volontez ?

ISMENE.

Non, je puis m'aſſûrer de ſon obéiſſance,
Elle ſuit mes deſirs toujours ſans réſiſtance ;
Je la trouve ſoumiſe à tout ce que je veux ;
Et c'eſt ce que j'y trouve encor de plus fâcheux,
Puiſqu'elle m'ôte ainſi tout prétexte de plainte,
Pour couvrir le dépit dont je me ſens atteinte.
Pour l'éloigner de moi, je n'ai qu'à le vouloir.
Mais, Laurette, quels maux n'en dois-je pas prévoir ?

C'est dans l'état de veuve où je dois me réduire,
Un prétexte aux plaisirs, qu'une fille à conduire ;
Je puis, sous la couleur d'un soin si spécieux,
Prétendre sans scrupule à paroître en tous lieux,
A la ville, à la Cour, à mille promenades,
Aux bals particuliers risquer des mascarades,
Ne pas manquer, pour elle, un bal de l'opéra,
Pas un spectacle, enfin, où le monde sera. ——
Tant que l'on peut avoir une fille qu'on méne,
L'on n'a rien à nous dire, & la critique est vaine;
Mais n'ayant plus de fille à mener avec moi,
Je dois vivre autrement, & c'est-là mon effroi.
Le grand monde me plaît, je hais la solitude,
Il n'est point à mon gré de supplice plus rude :
Et j'aime encore mieux voir ma fille à regret,
Qu'éviter à ce prix le tort qu'elle me fait.

LAURETTE.

Elle ne vous fait pas tant de tort qu'il vous semble,
On vous prend pour deux sœurs quand on vous voit ensemble.

ISMENE.

Tout de bon ?

LAURETTE.

Je vous parle avec sincérité.

ISMENE, (*se regardant dans son miroir de poche.*)

Comment suis-je aujourd'hui ? Mais dis la vérité.

LAURETTE.

Vous ne fûtes jamais plus jeune, ni plus belle,
Sur-tout, votre beauté paroît fort naturelle.

ISMENE.

Est-il bien vrai ?

LAURETTE.

Sans doute & j'en léve la main.

ISMENE.

Tu peux prendre pour toi cette robe demain ;
Je viens d'appercevoir que la tienne se passe.

LAURETTE.

Vous sçavez, sans mentir, donner de bonne
grace ;
Votre fille, après tout ne vous vaudra jamais.

ISMENE.

La jeunesse, Laurette, a de puissans attraits.

LAURETTE.

Elle est jeune, il est vrai ; mais à faute de l'être,
On peut s'en consoler quand on la sçait paroître ;
Votre fille n'a point vos secrets pour charmer.

ISMENE.

Acante cependant l'aime, & ne peut m'aimer ;
Ni tout ce que j'ai d'art, ni toute ton adresse,
N'ont pû déraciner sa premiere tendresse :
Je ne puis à ma fille arracher cet amant.

LAURETTE.

Les premieres amours tiennent terriblement !
Nous pouvons toutesfois avoir quelque espé-
rance,
Mes ruses ont entre eux rompu l'intelligence,
Et tous les faux rapports que j'ai faits jusqu'ici,
Nous ont, graces au ciel, assez bien réussi.
Ils ne se parlent plus.

ISMENE.

C'est beaucoup. Mais, Laurette ;
Ce n'est pas, tu le sçais, tout ce que je souhaite ;
Avant de mes appas le déclin déclaré,
Il seroit bon que j'eusse un époux assuré,
Un parti qui me plût, & qui me fût sortable,
Et je trouve à mon goût Acante fort aimable.

LAURETTE.

Vous avez le goût bon, on ne le peut nier,
Et ce second époux vaudroit bien le premier.
Mais c'est un grand dessein.

ISMENE.

N'épargne ſoin ni peine ;
Si tu peux réuſſir ta fortune eſt certaine,
Tu n'en dois point douter.

LAURETTE.

J'y ferai mon effort.
Mais je trouve un obſtacle à ſurmonter d'abord :
Touchant votre veuvage un ſcrupule peut naître?
Vous êtes fort bien veuve, & l'on ne peut mieux l'être,
Votre mari, ſans doute, eſt défunt, autant vaut;
Vous avez attendu plus de tems qu'il n'en faut :
Huit ans, ſans qu'un mari ſe trouve eſt une preuve
Qu'une femme au beſoin, eſt même plus que veuve ;
Il n'eſt rien de plus sûr, votre Avocat l'a dit.
Mais il eſt bon d'ôter tout ſoupçon de l'eſprit,
Toute peur d'un retour, & d'un remu-ménage,
Si vous voulez qu'on penſe à vous pour mariage.

ISMENE.

Laurette, à dire vrai, c'eſt mon plus grand ſouci.

LAURETTE,

Champagne m'a promis d'être bien-tôt ici ;
Il faut voir ſi l'on peut gagner ſon témoignage,
Et celui d'un vieillard qui ſort de l'eſclavage.

ISMENE.

Il faudroit que ce fût ſans me commettre, au moins.

LAURETTE.

C'eſt comme je l'entends, fiez-vous à mes ſoins.
Afin de vous laiſſer garder la bienſéance,
Je ferai du deſſein ſeule toute l'avance ;
Mais l'argent pour corrompre eſt un puiſſant moyen.

ISMENE.

Diſpoſe, agis, promets, je n'épargnerai rien.
On vient, je remets tout enfin à ta conduite.

LAURETTE.

Laiſſez-nous un peu ſeuls, vous reviendrez enſuite.

SCENE III.

CHAMPAGNE, LAURETTE.

CHAMPAGNE.

D'où vient que ta maîtreſſe évite de me voir ?
Va-t-elle dire encor deux mots à ſon miroir ?
De ſes ingrédiens groſſir un peu la doſe ?

LAURETTE.

Elle avoit oublié de ſerrer quelque choſe,
Elle va l'enfermer, & doit ſortir bientôt.

CHAMPAGNE.

Son viſage de jour eſt donc fait comme il faut ?
Et ſa beauté d'emprunt...

LAURETTE.

Briſons-là, je te prie;
Elle hait là-deſſus à mort la raillerie,
Elle eſt étrangement délicate en cela,
Et ne croit nul outrage égal à celui là.
Je veux t'entretenir d'affaires d'importance.
L'homme que tu m'as dit avoir conduit en France,
Quel homme eſt-ce ?

CHAMPAGNE.

Un vieillard aſſez chagrin.

LAURETTE.

Au fonds
Eſt-ce un homme d'eſprit ?

CHAMPAGNE.

D'eſprit, je t'en réponds;

Mais touchant sa famille il s'obstine à se taire..

LAURETTE.

Cela n'importe en rien pour ce que j'en veux faire. —
Ecoute : on a parfois dans l'arriere saison,
De se remarier grande démangeaison.
D'ailleurs, l'état de veuve est tellement pénible,
Que ma maîtresse en veut sortir, s'il est possible ;
Mais pour l'en affranchir, il faudroit constater
Cet état que peut-être on peut lui contester.
Car quoiqu'elle prétende être veuve à bon titre,
Elle a quelque scrupule encor sur ce chapitre ;
Et pour l'en délivrer on l'obligeroit fort,
Si quelqu'un témoignoit que son mari fût mort.
Crois-tu que ton vieillard pût rendre cet office ?
Nous ferions bien valoir le prix d'un tel service.

CHAMPAGNE.

Oui, je le tiens, s'il veut, fort propre à cet emploi ;
C'est sans doute.

LAURETTE, *l'interrompant.*

Et sur tout étant instruit par toi.

CHAMPAGNE.

A gagner ce témoin aisément je m'engage.

LAURETTE.

Si tu voulois y joindre aussi ton témoignage,
Ce seroit encor mieux.

CHAMPAGNE.

Moi ! Faire un faux rapport ?

LAURETTE.

Quoi ! Pour mentir un peu, te troubles-tu si fort ?
Et serois-tu bien homme à si foible cervelle
Que de t'embarrasser pour une bagatelle ?
Crois-moi, le plus grand vice est celui d'être gueux,
Et ce n'est pas à nous d'être si scrupuleux ;
Un soin si délicat n'est pas à notre usage,

La fourbe qui nous sert est notre vrai partage;
Elle est pour nous sans honte, & jusqu'ici jamais
La probité ne fut la vertu des Valets.
Les gens d'esprit sur-tout ont leur profit en tête.

CHAMPAGNE.

Le scrupule n'est pas aussi ce qui m'arrête.
Mais hier souviens-toi, qu'en arrivant d'abord,
Je dis que j'ignorois si ton maître étoit mort;
Comment dire autrement sans que l'on me soupçonne?

LAURETTE.

Pour un homme d'esprit peu de chose t'étonne.
Tu diras que d'abord ne doutant point du choix
Que ton maître avoit fait d'Isabelle autrefois,
Tu cachois cette mort, pour détourner la mere
De donner à sa fille un importun beau-pere;
Mais ton maître pour elle étant sans intérêt,
Que tu dis franchement la chose comme elle est.

CHAMPAGNE.

Cela m'est comme à toi venu dans la pensée;
Mais d'un autre souci j'ai l'ame embarrassée:
Si ton maître à la fin revenoit du Levant?...

LAURETTE.

Mon Dieu! Point, il est mort.

CHAMPAGNE.

Mais s'il étoit vivant?

LAURETTE.

Il n'a garde, crois-moi.

CHAMPAGNE.

Je songe où je m'engage.

LAURETTE.

Ma maîtresse revient, songe à ton personnage.

CHAMPAGNE.

J'y vois trop de péril, & tu m'obligeras
De ne me point mêler dans tout cet embarras.

LAURETTE.

Es-tu si simple encor? Que rien ne t'inquiéte.

SCENE IV.

ISMENE, LAURETTE, CHAMPAGNE.

LAURETTE, (*feignant de pleurer.*)

QUELLE nouvelle! Ah! ah!

ISMENE.

De quoi pleure Laurette?

LAURETTE.

Je pleure, mais hélas! Quand vous sçaurez de quoi,
Vous pleurerez, Madame, encor bien plus que moi.

ISMENE.

N'importe, expliquez-vous.

LAURETTE.

Ah! Ma bonne maîtresse,
C'est... Je ne puis parler, tant la douleur me presse,
Monsieur Champagne... Hé là, faites-lui ce récit,
Dites-lui tout.

CHAMPAGNE.

Quoi! Tout?

LAURETTE.

Ce que vous m'avez dit.

CHAMPAGNE.

Moi! Je n'ai rien à dire.

LAURETTE.

A quoi bon ce mystere?
C'est par discrétion qu'il s'obstine à se taire;

Il eſt vrai que d'abord un ſi cruel malheur
Doit cauſer à Madame un extrême douleur :
Mais puiſque tôt ou tard il faut qu'elle l'apprenne,
Le plûtôt vaut mieux pour la tirer de peine :
A la laiſſer languir, quel plaiſir prenez-vous ?
Que ſert de lui cacher qu'elle n'a plus d'époux ?

ISMENE, (*ſe laiſſant tomber ſur un ſiege.*)

Je n'aurois plus d'époux ! Seroit-il bien poſſible ?

LAURETTE

Ce coup aſſurément pour Madame eſt ſenſible.
La pauvre femme ! Hélas ! ſans doute elle perd bien.

CHAMPAGNE.

Ne vous fâchez pas tant, Madame, il n'en eſt rien.

ISMENE.

Ah ! ne me flattez pas

LAURETTE.

Voyez quel eſt ſon zele !
Il voudroit vous cacher cette triſte nouvelle ;
Vous devez à ſes ſoins beaucoup certainement,
Et vous m'aviez parlez d'un certain diamant.....

ISMENE.

La douleur m'en avoit fait perdre la mémoire,
Je ferai plus pour vous, & vous le pouvez croire ;
Prenez toujours ceci.

LAURETTE.

Là, prenez, ſans façon,
Son époux eſt-il mort ?

CHAMPAGNE, (*prenant le diamant.*)

Hé,

LAURETTE.

Parlez tout de bon,
Madame le ſouhaite, & n'a pas l'ame ingrate ;
Mais elle ne veut pas ſur-tout que l'on la flatte.
De ſon mari, ſans feinte, apprenez-lui le ſort.

CHAMPAGNE.

Puisque vous le voulez, Madame, il eſt donc mort.

ISMENE.

Ciel!

LAURETTE.

Comme la douleur l'accable & la poſſéde!
Un peu de ſolitude eſt ſon meilleur remède:
(bas à Champagne.)
Laiſſons-la revenir & va prendre le ſoin
D'inſtruire le vieillard dont nous avons beſoin.

CHAMPAGNE.

Mais n'eſt-ce point un *ſtras*?

LAURETTE, *(en ſouriant.)*

Ah! quel ſoupçon atroce!
C'eſt du pauvre défunt un des préſens de nôce.

CHAMPAGNE.

Enfin, s'il n'eſt pas bon, le défunt n'eſt pas mort.
Je t'aſſûre de tout, vas, tu n'as rien à craindre.

SCENE V.

ISMENE, LAURETTE.

LAURETTE.

MADAME, il eſt ſorti, ceſſez de vous contraindre,
Rendez grâces au ciel, tout va bien, tout nous rit.

ISMENE.

Me voilà donc enfin veuve ſans contredit!

LAURETTE.

On n'en peut plus douter, à moins d'être incrédule.

ISMENE.

Acante pourroit donc m'épouſer ſans ſcrupule!

LAURETTE.

C'est sans difficulté ; si c'est peu d'un témoin,
Nous en aurons encore un second au besoin :
Les dons faits à propos produisent des miracles.

ISMENE.

Nous oublions peut-être un des plus grands obstacles.

LAURETTE.

Quel ?

ISMENE.

Le pere d'Acante.

LAURETTE.

Hé, qu'appréhendons-nous ?
Le bon-homme vous aime, & tout lui plaît de vous.

ISMENE.

Peut-être il m'aime trop, c'est ce que j'appréhende,
J'ai peur qu'à m'épouser lui-même il ne prétende.

LAURETTE.

Ce dessein nous pourroit sans doute embarrasser ;
Mais pouroit-il bien être en état d'y penser,
A son âge ?

ISMENE.

Il n'importe, & je crains qu'il n'y pense.

LAURETTE.

Qui ? lui, vous épouser ? Ce seroit conscience ;
Vieil, usé comme il est, & déja demi-mort,
Pourroit-il bien vouloir vous faire un si grand tort ?
Après d'un vieux mari la longue & triste épreuve,
Puisqu'en très-bonne forme enfin vous voilà veuve,
C'est bien le moins, vraiment, que vous puissiez pour vous
Que d'oser faire aussi le choix d'un jeune époux,
Et de connoître un peu, par votre expérience,

Du jeune & du vieillard, quelle est la différence.

ISMENE.

Ce n'est pas pour cela, Laurette.

LAURETTE.

Mon Dieu, non.

Mais voici le bon-homme, il faut changer de ton.

SCENE VI.

CRE'MANTE, ISMENE. LAURETTE.

LAURETTE.

Venez m'aider, Monsieur, à consoler Madame.

CRE'MANTE,

Qu'a-t-elle?

ISMENE.

Ah!

LAURETTE.

La douleur la perce jusqu'à l'ame.

CRE'MANTE.

Quel accident l'expose au trouble où la voilà?

LAURETTE.

La mort de son mari.

CRE'MANTE.

Quoi! Ce n'est que cela?

Il n'est pas mort, peut-être.

ISMENE.

Il est trop véritable.

LAURETTE.

Champagne qui l'assûre, est homme irréprochable.

CRE'MANTE.

Sa mort m'ôte un ami vous ôtant un époux.

Et j'y crois perdre au moins, Madame, autant que vous.
Le regret que j'en ai ne céde en rien au vôtre,
Mais nous l'avions compté pour mort & l'un & l'autre,
On ne rend pas la vie aux gens pour les pleurer;
Puis la perte est pour vous aisée à réparer,
Et pour vous consoler d'une telle disgrace,
Quelqu'autre du défunt peut occuper la place.
Vous n'aurez rien perdu, prenant un autre époux.
J'en sçais un...

ISMENE.

Hé, Monsieur! De quoi me parlez-vous?

CRE'MANTE.

Je veux que dans l'effort de vos premieres larmes,
Pour vous le mariage ait d'abord peu de charmes;
Je veux qu'il vous soit même odieux en effet,
Mais enfin si l'époux étoit bien votre fait,
Si vous pouviez en lui trouver de quoi vous plaire?

ISMENE.

Cela ne se peut pas.

CRE'MANTE.

Mon Dieu! tout se peut faire:
Si vous sçaviez l'époux que je veux vous offrir..

ISMENE.

Ah!

LAURETTE.

Au seul nom d'époux son mal semble s'aigrir.

CRE'MANTE.

Il est vrai, j'aurois tort d'en plus ouvrir la bouche,
Le desir de lui plaire est le seul qui me touche;

Et j'ai cru que mon fils, jeune, adroit, plein d'appas,
Pour un second époux ne lui déplairoit pas.

LAURETTE.

Si ce n'est que cela, vous pourriez bien lui dire...

CR'EMANTE.

Je m'en garderai bien, non, non, je me retire;
Je la laisse en repos, ce sera le meilleur.

ISMENE.

Laissez-vous vos amis ainsi dans la douleur?

CRE'MANTE.

Je vois que tout le soin où l'amitié m'engage,
Loin de vous consoler, vous trouble davantage.

ISMENE.

Hélas? Qui pourroit mieux me consoler que vous?
Vous étiez tant ami de défunt mon époux,
Vous m'en donnez encor la preuve la plus claire.
Et rien venant de vous ne me sçauroit déplaire.

CRE'MANTE.

Ce que j'ai dit pourtant vous a déplû d'abord.

ISMENE.

Sçait-on ce que l'on fait dans un premier transport?
D'abord, il est certain, c'étoit bien mon envie,
De n'entendre parler d'autre époux de ma vie,
J'en rejettois l'espoir, quoiqu'il me fût permis;
Mais que ne peuvent point les conseils des amis?

CRE'MANTE.

Je voulois vous parler de mon fils; mais, Madame,
Ne faites rien pour moi qui contraigne votre ame,
Prenez plutôt du tems pour examiner bien...

ISMENE.

Ah! Monsieur, après vous je n'examine rien,

CRE'MANTE.

Il est jeune, bien fait, voyez s'il peut vous plaire.

ISMENE.

Vous sçavez mieux que moi ce qui m'est nécessaire,
Acante vaut beaucoup; mais quel qu'en soit le prix,
Si rien me plaît en lui, c'est qu'il est votre fils.

CRE'MANTE.

Vous nous honorez trop.

ISMENE.

Au moins c'est une affaire,
Que vous trouverez bon, Monsieur, que je differe:
Quoique depuis longtems feu mon mari soit mort;
Quoique j'en aye ici porté le deuil, d'abord;
Qu'enfin je sois bien libre & dans l'indépendance,
Cependant, je m'immole à l'exacte décence;
Et pour sécher mes pleurs, pour en finir le cours.
Je vous demande encor au moins huit ou dix jours.

CRE'MANTE,

Ce n'est qu'avec le tems qu'un grand ennui se passe,
Il est vrai, mais j'espere à mon tour une grace.

ISMENE.

Ce que je vous dois être, unit nos intérêts.

CRE'MANTE.

Votre fille pourroit les unir de plus près.

ISMENE.

Ma fille, dites-vous?

CRE'MANTE.

Pour elle je soupire.

ISMENE.

Vous, Monſieur?

CRE'MANTE.

Pourquoi non? Qu'y trouvez-vous à dire?

ISMENE.

Hé, rien; mais vous pourriez peut-être choiſir mieux.
Elle eſt ſi jeune encor.

CRE'MANTE.

Me trouvez vous ſi vieux?

ISMENE.

Point du tout, mais j'ai peur, quelque ſoin que je prenne,
Que ma fille en ce choix m'obéiſſe avec peine.

CRE'MANTE.

A ne vous rien céder, j'ai peur, s'il eſt ainſi,
Qu'à m'obéir mon fils n'ait de la peine auſſi.

ISMENE.

Sur ma fille, après tout, j'ai pourtant trop d'empire,
Pour craindre abſolument qu'elle m'oſe dédire,
Elle me fut toujours ſoumiſe au dernier point.

CRE'MANTE.

Mon fils, je penſe auſſi ne me dédira point.
Je ne crains qu'un retour de cette intelligence
Que l'amour mit entr'eux dès leur plus tendre enfance,
Et je doute qu'on puiſſe aiſément parvenir
A diviſer deux cœurs qui ſont nés pour s'unir.

ISMENE.

Ainſi que vous, Monſieur, c'eſt ce qui m'inquiete;
Mais j'ai grande eſpérance aux ruſes de Laurette.

LAURETTE.

Mais je ne manque pas d'adreſſe, Dieu merci,

Et.... mais paſſons chez vous, nous ſerons mieux
qu'ici.

CRE'MANTE.

Elle a raiſon, aucun n'y viendra nous diſtaire,
Allons-y conſulter ce que nous devons faire;
Et voir par quels moyens nous pourrons ſans retour,
Séparer deux amans en dépit de l'amour.

Fin du ſecond Acte.

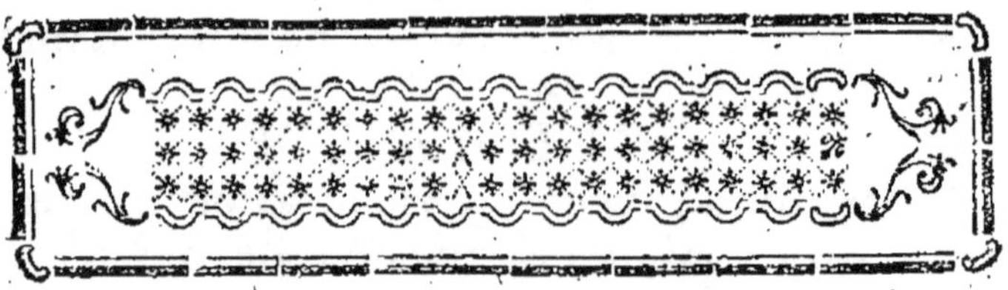

ACTE III.

SCENE PREMIERE.

ISABELLE, LAURETTE.

LAURETTE.

He bien ! Que voulez-vous ? Si vous perdez un pere,
Ce n'est pas d'aujourd'hui, vous n'y sçauriez que faire ;
Des regrets des vivans les morts ne sont pas mieux :
Mais parlons d'autre chose ; essuyez vos beaux yeux.

ISABELLE.

Tu dis donc que l'ingrat qui m'avoit tant sçû plaire,
Acante, ce volage, à qui je fus si chere,
T'a parlé ce matin ?

LAURETTE.

Fort long-tems.

ISABELLE.

Entre nous ;
Que pense-t-il de moi ?

LAURETTE.

Lui ! Pense-t-il à vous ?

ISABELLE.

Mais quel si long discours encor t'a-t-il pû faire?
De quoi t'a-t-il parlé?

LAURETTE.

Rien que de votre mere;
Il m'a fait voir pour elle un grand empressement.

ISABELLE.

Et n'a rien dit de moi?

LAURETTE.

Pas un mot seulement;
De votre mere seule il m'a parlé sans cesse;
J'ai tourné le discours sur vous avec adresse;
Dit vingt fois votre nom.

ISABELLE.

Et qu'a-t-il répondu?

LAURETTE.

Il n'a pas fait semblant d'avoir rien entendu.

ISABELLE.

Mais dans ma mere enfin que peut-il voir d'aimable?

LAURETTE.

Beaucoup d'argent comptant, un bien considérable,
C'est un charme bien doux aux yeux de bien des gens!
Vous ne serez en âge encor de très-longtems,
Votre pere étant mort, tout est en sa puissance;
Comme je vous l'ai dit, elle en a l'assurance,
Et de l'humeur qu'elle est, vous devez peu douter
Qu'un jeune époux s'offrant, n'ait de quoi la tenter.

ISABELLE.

Le soin qu'elle a de plaire & de cacher son âge,
M'a bien fait prévoir d'elle un second mariage;
Mais voir mon amant, même en devenir l'époux!

Voir mon beau-pere en lui !

LAURETTE.

Que fait cela pour vous ?
Si vous ne l'aimez plus, quel soin vous inquiete ?

ISABELLE.

Si je ne l'aime plus ! Que n'est-il vrai, Laurette !

LAURETTE.

Comment ! Auriez-vous bien assez de lâcheté
Pour ne vous venger pas de sa légereté ?
Quoi ! Vous constante encor pour un homme qui
change !
Auroit-on vu jamais foiblesse plus étrange ?
Un homme changeroit ; & vous, pleine d'appas,
Fiere, vous fille enfin, vous ne changeriez pas ?
Laisser sur notre sexe avoir cet avantage !

ISABELLE.

Notre sexe à son gré n'est pas toujours volage ;
Et comme par pudeur une fille d'abord
N'aime ordinairement qu'après beaucoup d'effort,
Quand l'amour une fois lui fait prendre une
chaîne,
Elle n'en sort aussi qu'avec beaucoup de peine.
Les premiers feux, dit-on, sont toujours les plus
doux,
Ceux d'Acante & les miens sont nés presque
avec nous ;
Nos peres qui s'aimoient, sembloient dès la
naissance
Avoir fait pour s'aimer nos cœurs d'intelligence :
Tout enfant que j'étois, sans nul discernement,
Je songeois à lui plaire avec empressement.
Cent petits soins aussi m'exprimoient sa tendresse,

Nous nous voyions souvent, & nous cherchions sans cesse ;
Sans lui j'étois chagrine, ainsi que lui sans moi ;
Par fois nous soupirions sans sçavoir bien pourquoi ;
Et nos cœurs ignorant quel mal ce pouvoit être,
Sçurent sentir l'amour, plutôt que le connoître.

LAURETTE.

C'est cela qui le rend encore avec raison,
Plus coupable envers vous après sa trahison ;
C'est ce qui doit pour lui redoubler votre haine.

ISABELLE.

Sans doute, & si je vois sa trahison certaine ... ;

LAURETTE

Quoi ! Vous flatteriez-vous assez pour en douter ;

ISABELLE.

Ah ! S'il se peut encor laisse-moi m'en flatter.

LAURETTE.

Vous pourriez vous flatter d'une erreur si honteuse ?
Son infidélité pour vous n'est plus douteuse :
Tout ce qu'on vous a dit doit vous en assurer.

ISABELLE.

On m'en a dit assez pour me désesperer :
Cependant en secret un pouvoir que j'admire,
Me fait presque oublier tout ce qu'on m'a pû dire ;
Je ne sçai quoi toujours me parle en sa faveur.

LAURETTE

Mon Dieu ! Jusqu'où l'amour séduit un jeune cœur !
Je m'étois bien de vous promis plus de courage.

ISABELLE.

Tu te peux tout promettre encor, s'il est volage ;
Mais mon cœur par lui-même en veut être éclairci,

LAURETTE.

Quoi ! Le voir ?

ISABELLE.

Je t'ai crue, & l'ai fui jusqu'ici.
Redevable à tes soins dès ma tendre jeunesse,
J'ai suivi tes conseils, j'ai contraint ma tendresse,
J'ai tâché de te croire autant que je l'ai pû,
Souffre au moins une fois que mon cœur en soit crû ;
Qu'il puisse s'éclaircir ainsi qu'il le souhaite,
Qu'un aveu de l'ingrat...Mais tu rougis, Laurette.

LAURETTE.

Je rougis de vous voir foible encor à ce point.

ISABELLE.

Je ne la suis que trop, je ne m'en défends point:
Mais pardonne aux abois d'une premiere flamme,
Ces restes de foiblesse où tombe encor mon ame.

LAURETTE.

Ce seroit vous trahir que de les excuser.

ISABELLE.

J'ai cru qu'à ce dessein tu pourrois t'opposer ;
Et si de m'y servir la priere te gêne,
Je me suis préparée à t'en sauver la peine :
Un billet de ma main par quelqu'autre porté....

LAURETTE.

Je veux prendre ce soin encor par charité ;
Ne confiez, hors moi, ce billet à personne.

ISABELLE.

Es-tu si bonne encor ?

LAURETTE.

Hé ! Oui, je suis trop bonne ;
Vous me persuadez toujours ce qui vous plait,
Et si, vous le sçavez, c'est sans nul intérêt.

ISABELLE.

Va, tu n'y perdras rien.

LAURETTE.

Est-ce là cette Lettre ?

ISABELLE.

L'adresse encor y manque.

LAURETTE.

Ah ! gardez bien d'en mettre ;
Votre ingrat peut montrer ce billet aujourd'hui,
Vous pourriez au besoin nier qu'il fût pour lui,
Nous ne sçaurions chercher dans le siécle où nous sommes
Trop de précautions contre les traîtres hommes ;
Ils sont si vains !

ISABELLE.

J'ai cru qu'ils ne l'étoient pas tous.

LAURETTE.

Ah ! croyez-moi, j'en sçai là-dessus plus que vous,
Vous n'avez pas encore assez d'expérience ;
Rentrez, laissez-moi faire.

ISABELLE.

Au moins fais diligence.

LAURETTE.

Oui, j'aurai bien-tôt fait, n'ayez aucun souci.

ISABELLE.

Ne rend qu'à lui...

LAURETTE.

J'entends.

ISABELLE.

Champagne vient ici ;
Qu'il ne t'arrête pas.

LAURETTE.

Vous m'arrêtez vous-même.

ISABELLE.

Sur tout....

LAURETTE.

Encor? Rentrez Qu'on eſt ſot quand on aime !

SCENE II.

CHAMPAGNE, LAURETTE.

CHAMPAGNE.

Je ſors d'avec notre homme, & d'un long entretien.

LAURETTE.

Hé bien?

CHAMPAGNE.

D'abord le traître a fait l'homme de bien,
M'a prêché la vertu, dit mille choſes vives ;
Et contre ta maîtreſſe a fait mille invectives,
Mais enfin mes raiſons ont ſi bien réuſſi,
Que mille écus offerts l'ont un peu radouci.

LAURETTE.

Mille écus?

CHAMPAGNE.

Il veut même avoir l'argent d'avance,
Et de mentir à moins il feroit conſcience.

LAURETTE.

Le ſcrupule eſt fort bon, mais il faut aujourd'hui,
Quoi qu'il coûte pourtant, nous aſſurer de lui :
Tu n'as qu'à l'amener, je prendrai ſoin du reſte.
Dis-moi, que fait ton maître?

CHAMPAGNE.

Il ſe tourmente, il peſte.
Il veut voir Iſabelle ; . . . il veut fuir ſes appas, . . .
Renouer, . . . rompre ; . . . il veut tout ce qu'il ne veut pas ;
Il n'eſt pas un moment d'accord avec lui-même.

Ainſi que ſon dépit, ſon amour eſt extrême;
Il déſeſpére, eſpere; il l'adore, il la hait;
Je crois qu'il devient fou; voilà tout ce qu'il fait.

LAURETTE.

Mais n'eſt-il pas honteux? que les amans ſont lâches!

CHAMPAGNE.

Qu'as-tu là?

LAURETTE.

Moi, qu'aurois-je?

CHAMPAGNE.

Un billet que tu caches.

LAURETTE.

Mon Dieu! Que tu vois clair!

CHAMPAGNE.

Je ſuis un peu madré.
Vois-tu?.. j'ai de bons yeux; lorſque je ſuis entré,
J'ai vû dans le moment retirer Iſabelle,
Et je gagerois bien que ce billet eſt d'elle,
Qu'au rival de mon Maître....

LAURETTE.

Oh!

CHAMPAGNE.

Gageons, ſi tu veux.

LAURETTE.

Ah! que les gens ſi fins ſont quelquefois fâcheux!

CHAMPAGNE.

Ce poulet va ſans doute au Marquis.

LAURETTE.

Tu devines.

CHAMPAGNE.

Nous démêlons un peu les ruſes les plus fines;
Les voyages font bien les gens.

LAURETTE.

Sans contredit.

CHAMPAGNE.

Mais ſur-tout le vin Grec ouvre bien un eſprit ;
Dès que j'en eus tâté, je le ſçûs bien connoître,
Auſſi je m'en donnois....

LAURETTE.

Voici ton jeune Maître.

CHAMPAGNE.

Qu'ai-je dit ? Son amour le ramene en ces lieux.

LAURETTE.

Le trouble de ſon cœur paroît juſqu'en ſes yeux.

SCENE III.

ACANTE, CHAMPAGNE, LAURETTE.

LAURETTE.

Sçavez-vous les ennuis où Madame eſt plongée,
Monſieur ?

ACANTE.

On m'a tout dit.

LAURETTE.

Elle eſt bien affligée.

ACANTE.

Mais ne la voit-on pas ?

LAURETTE.

Vous êtes des amis ;
Et je crois que pour vous, Monſieur, tout eſt permis,
Vous la conſolerez.

ACANTE.

Sa fille eſt avec elle ?

LAURETTE.

Non, non, ne craignez point d'y trouver Isabelle.
De son défunt mari c'est un vivant portrait,
Qui renouvelle trop la perte qu'elle fait ;
Et comme en la voyant, Madame est plus chagrine,
Seule, elle se tient là : . . . dans la piéce voisine.

ACANTE.

Puisqu'elle est seule, il faut la laisser.....

LAURETTE.

Nullement.

ACANTE.

Je l'incommoderois, Laurette, assûrément.

LAURETTE.

Hé, Monsieur! croyez-moi, parlez-nous sans finesse,
Vous cherchez Isabelle, & non pas ma maîtresse ;
Avouez sans façon ce qu'aisément je voi.

ACANTE.

Ah! si je l'avouois, que dirois-tu de moi?

LAURETTE.

Moi! qu'aurois-je à vous dire? Il ne m'importe guere,
Chacun peut en ce monde aimer à sa maniere,
Et je n'ai pas dessein par mes raisonnemens
De vouloir réformer les erreurs des amans.

ACANTE.

Sont-ce là les conseils que Laurette me donne?
Je ne me mêle plus de conseiller personne :
Les plus sages conseils, les meilleures leçons,
A gens bien amoureux ne sont que des chansons.

CHAMPAGNE.

Si vous sçaviez quel est votre rival indigne.

ACANTE.

Qui seroit-ce? dis donc.

CHAMPAGNE.

Laurette me fait signe.

LAURETTE.

Il parle sans sçavoir.

CHAMPAGNE.

Je sçai tout, & fort bien;
Mais elle ne veut pas que je vous dise rien.

ACANTE.

Souffre au moins qu'il acheve.

LAURETTE.

Hé, Monsieur, il se raille.

ACANTE.

Tu lui fais signe encor.

LAURETTE.

Qui? moi? c'est que je bâille.

CHAMPAGNE.

Pourquoi ne veux-tu pas me laisser découvrir
Ce qui pourroit aider Monsieur à se guérir?
N'aura-t'il pas sujet de haïr Isabelle,
S'il sçait que le Marquis tient sa place auprès d'elle?

ACANTE.

C'est mon cousin, dis-tu?

LAURETTE.

Que sçait-il ce qu'il dit.
Il s'est mis malgré moi cette erreur dans l'esprit:
Croyez sur mon honneur....

CHAMPAGNE.

Penses-tu qu'on te croye?
Et certain billet doux qu'au Marquis elle envoye,
Que tu portes toi même, est-ce erreur que cela?

LAURETTE.

J'aurois pour le Marquis un billet!

CHAMPAGNE, (*tirant le billet du sein de Laurette.*)

Le voilà.

ACANTE, (*arrachant le billet des mains de Champagne.*)

Donne.

LAURETTE.

Hé, que voulez-vous?

CHAMPAGNE. (*à Laurette.*)

Il ne veut que le lire;

Laisse faire Monsieur.

LAURETTE.

Comment....

CHAMPAGNE.

Laissez-la dire.

ACANTE.

Laurette à mon Rival porte donc ce Poulet?

LAURETTE.

Tu me trahis ainsi?

CHAMPAGNE.

Le grand tort qu'on te fait!

LAURETTE.

Ne croyez pas, Monsieur, que jamais je permette....

CHAMPAGNE.

Hé, pour l'amour de moi, si tu m'aimes Laurette....

Elle consent Monsieur, puisqu'elle ne dit rien.

LAURETTE.

Je ne suis que trop fotte, & tu le sçais trop bien.

CHAMPAGNE.

Oui; tu m'aimes beaucoup, je n'en suis point en doute:

Aussi de mon côté.... Mais il va lire, écoute.

ACANTE, (*lit.*)

JE voudrois vous parler, & nous voir seuls tous deux,

Je ne conçois pas bien pourquoi je le desire;

Je ne sçais ce que je vous veux ;
Mais n'auriez-vous rien à me dire ?

ACANTE, (*continue.*)

Hé ! c'est pour le Marquis ?

CHAMPAGNE.

Hé bien, qu'en dites-vous ;
Monsieur ?

ACANTE.

Pour le Marquis ?

CHAMPAGNE.

Le style est assez doux.
Vous ne me dites rien ?

LAURETTE.

Hé ! Que veux-tu qu'il dise ?
Ce coup l'abat,

ACANTE.

D'un autre Isabelle est éprise ;
L'ingrate ! Ah ! Si jamais cette fille sans foi
Pouvoit écrire ainsi, devoit-ce être qu'à moi.
Encor si mon rival avoit quelque mérite !
Mais que pour le Marquis Isabelle me quitte ;
Que son esprit volage, ébloui d'un faux jour,
S'égare jusqu'au choix d'un si honteux amour !...

LAURETTE.

D'ordinaire en amour, Monsieur, l'esprit s'égare,
Et le goût d'une fille est quelquefois bizarre :
Souvent le vrai mérite avec tous ses appas.
Lui plaît moins que l'éclat, le faste & le fracas ;

ACANTE.

Ah ! je lui croyois l'ame & plus tendre, & plus forte !
Le Marquis mon rival !... La fureur me transporte ...
Ah ! si je ne me vange ! & si j'épargne rien !...

LAURETTE.

Tâchez d'aimer ailleurs, c'en est le vrai moyen.

ACANTE.

C'est bien aussi, Laurette, à quoi je me prépare;
Et je veux faire choix d'une beauté si rare...

LAURETE.

Ce n'est pas-là de vous ce que l'on craint le plus;
Et si j'osois vous dire un secret là-dessus....

ACANTE.

Espere tout de moi, prend pitié de mon trouble.

CHAMPAGNE.

Monsieur est libéral, mais il n'a pas le double;
Peut-être quelque jour que son pere mourra.

LAURETTE.

Peut-être que son pere aussi l'enterrera;
Je ne fais pas grand fond sur la foi d'un peut-être;
Mais pour l'amour de toi je veux servir ton Maître.
Je connois Isabelle, & jusqu'au fond du cœur,
La crainte d'un beau-pere est sa mortelle peur,
Et le plus grand dépit que vous lui pourriez faire,
Ce seroit de paroître en vouloir à sa mere.
Si rien peut la piquer, ce doit être cela.

ACANTE.

Mais pourrois-je espérer qu'elle revînt par-là?

LAURETTE.

Peut-être. Le dépit fait quelquefois miracle;
Du moins à son amour vous pourriez mettre obstacle,
Et comme son beau-pere, il dépendroit de vous
D'empêcher le Marquis de se voir son époux.

ACANTE.

Il n'est pour l'empêcher, effort que je ne tente,
Et je vais de ce pas....

LAURETTE.

Où?

ACANTE.

Voir cette inconſtante ;
Lui dire que ſa mere a pour moi tant d'appas... ?

L URETTE.

Ah ! Si vous m'en croyiez, vous ne la verriez pas ;

AC.. NTE.

Pourquoi ?

LAURETTE.

Pour vous encor j'appréhende ſa vue ;

ACANTE.

Ne crains rien de mon ame, elle eſt trop réſolue,
Tout mon amour eſt mort, je t'en répondrai bien.

LAURETTE.

En fait d'amour, Monſieur, ne répondons de rien.

AC NTE.

Après ſa trahiſon, quelque ſoin que j'employe,
Tu peux douter.... Non, non, il faut que je la voie,
Ne fut ce ſeulement que pour te faire voir
Que l'ingrate ſur moi n'a plus aucun pouvoir.

LAURETTE.

Mais l'incivilité, Monſieur, ſeroit extrême
De vouloir l'outrager juſqu'en ſa chambre même.
Auſſi bien vous pourriez le vouloir vainement,
Elle n'y ſera pas pour vous aſſurément.

ACANTE.

La perfide !

LAURETTE.

Attendez, j'eſpére agir de ſorte
Que ſans aucun ſoupçon je ferai qu'elle ſorte.

ACANTE.

Va donc.

LAURETTE.

Et ſon billet, ne le rendez-vous pas ?

ACANTE.

Oui, je te le rendrai dès que tu r'viendras;
Je le veux lire encor.

CHAMPAGNE.

Va

LAURETTE.

Tu vois à ma honte,
Ce que je fais pour toi.

CHAMPAGNE.

(*Laurette rentre.*)

Va, je t'en tiendrai compte.
Sans vanité, Monsieur, nous avons réussi,
Vous voilà par mes soins assez bien éclairci.

ACANTE.

Ah! que trop bien, c'est-l ce qui me désespere.

LAURETTE, *revenant.*)

Je viens vous avertir que voici votre pere.

ACANTE.

Mon pere!

LAURETTE.

Il vient ici, je crois, dix fois par jour,
Il ne veut point du tout approuver votre amour,
Il vous a défendu l'entretien d'Isabelle,
Et vous feroit beau bruit vous trouvant avec elle,
Sans doute en lui parlant il vous eût rencontré.

ACANTE.

Mais s'il pouvoit passer par le petit degré....

LAURETTE.

Ne faites point, Monsieur, là-dessus votre compte,
C'est par cet escalier que d'ordinaire il monte,
Il le trouve commode, & l'autre lui déplaît.

ACANTE.

Au moins, dis à l'ingrate.. O Ciel! Elle paroît.

LAURETTE.

Songez à votre pere, il monte.

ACANTE.

Qu'elle est belle !

LAURETTE.

C'est dommage, il est vrai, qu'elle soit infidele:
Mais qu'attendez-vous tant ? Qu'on vous vienne gronder ?

ACANTE.

Sortons.

LAURETTE.

Et le billet, voulez-vous le garder ?

ACANTE.

Le voilà, ce billet.

LAURETTE.

Cachez bien vos foiblesses ;
On vous observe au moins.

ACANTE, (*déchirant le billet.*)

Tiens.

LAURETTE.

Fort bien, en vingt piéces ;

SCENE IV.

ISABELLE, LAURETTE.

ISABELLE.

L'INGRAT déchire ainsi mon billet à mes yeux ?

LAURETTE.

Vous voyez.

ISABELLE.

Est-il rien de plus injurieux ?
Ainsi de ma foiblesse il triomphe à ma vûe ?

LAURETTE.

Que vous avois je dit ?

ISABELLE.

Ah ! pourquoi m'as-tu crûe ?
Pourquoi lui rendois tu ce billet trop honteux ?

LAURETTE.

Pourquoi ? Vous le vouliez.

ISABELLE.

Sçai-je ce que je veux ?
Toi, qui voyois la honte où s'exposoit ma flamme,
Que ne trahissois tu le foible de mon ame ?
Falloit-il pour en croire un lâche emportement,
Abandonner mon cœur à son aveuglement ?
Et ne devois tu pas avec un zele extrême,
Prendre soin de ma gloire en dépit de moi-même ?

LAURETTE.

Le remede est facile, après tout.

ISABELLE.

Hé ! comment ?

LAURETTE.

D'un billet ſans adreſſe on ſe ſauve aiſément.
Dites pour réparer & ma faute & la vôtre,
Que vous aviez écrit ce billet à quelqu'autre.

ISABELLE.

Mais à qui donc ?

LAURETTE.

A qui ? n'importe.

ISABELLE.

A ton avis,
Dis.

LAURETTE.

Au premier venu. Par exemple, au Marquis.

ISABELLE.

A tes ſoins déſormais mon ame s'abandonne :
Mais quelqu'un vient ici, je ne puis voir perſonne.

SCENE V.

CRE'MANTE, LAURETTE.

CRE'MANTE, (*courant après Iſabelle.*)

Hé ! notre bel enfant ?

LAURETTE, (*arrêtant Crémante.*)

Ah ! Monſieur, laiſſez-la,
La pauvre fille eſt mal.

CRE'MANTE.

Quel mal eſt-ce qu'elle a ?

LAURETTE.

Le plus grand mal de cœur qu'elle ait eu de ſa vie :
Entre nous, tout répond, Monſieur, à notre envie.

CRE'MANTE.

As-tu des deux amans augmenté le ſoupçon ?

LAURETTE.

Je viens de leur jouer un tour de ma façon.
Mais pour les brouiller mieux, je veux encor plus faire ;
Le Marquis pour cela nous ſeroit néceſſaire.

CREMANTE.

Je n'ai qu'à le mander. Mais viendrons-nous à bout....

LAURETTE.

Allons trouver Madame, & je vous dirai tout.

Fin du troiſiéme Acte.

ACTE IV.

SCENE PREMIERE.

CHAMPAGNE, LAURETTE.

CHAMPAGNE.

Jusques-là du Marquis Isabelle est éprise ?
Je ne l'aurois pas crû ; j'avouerai ma surprise.
Tu dis que dans sa chambre, & sans témoins, ce soir
Ce galant a reçû rendez-vous pour la voir ?

LAURETTE.

Au moins n'en dis rien.

CHAMPAGNE.

Moi ! tu me sçais mal connoître.
Je meure, si jamais j'en dis rien qu'à mon Maître.

LAURETTE.

C'est lui qui le dernier en doit être éclairci :
Je suis bien simple encor, de te tout dire ainsi.

CHAMPAGNE.

Hé ! ne te fâche pas.

LAURETTE.

Ton babil est terrible !

Ne dis donc rien.

CHAMPAGNE.

Bien, va, j'y ferai mon possible.

LAURETTE.

A propos, dis-moi donc : quand viendra ton vieillard ?

CHAMPAGNE.

Il viendra, sans manquer dans un heure au plus tard ?
Mais voici le Marquis. Adieu, je me retire.

SCENE II.

LE MARQUIS, LAURETTE.

LAURETTE.

Vous riez ?

LE MARQUIS.

Là dedans on vient de me tout dire ;
Je ris de ton adresse, & du tour du billet.

LAURETTE.

Chacun n'en a pas ri.

LE MARQUIS.

Par ma foi, c'est bien fait !
Sur-tout pour le Cousin, ma joie en est extrême.

LAURETTE.

Isabelle est encor si foible qu'elle l'aime ;
Mais j'ai tout de nouveau si bien sçû l'éblouir,
Que cet excès d'amour ne sert qu'à la trahir.
Au lieu qu'à son insçu j'ai crû vous introduire,
Elle y consent.

LE MARQUIS.

Comment ?

LAURETTE.

Je vais vous en instruire :
J'ai voulu la revoir pour sonder son courroux,
J'ai feint que vous aviez querelle Acante & vous ;
Que vous deviez vous battre ; . . . & dès ce soir peut-être ;
Que ce combat pourroit la vanger de son traître ;
Qu'elle en devoit attendre ou sa fuite, ou sa mort. —
Je l'ai vue a ces mots interdite d'abord ;
Son ame en sa tendresse est soudain revenue ;
De son nouveau dépit, ne s'est plus souvenue ;
Et quoi que la vengeance ait pû lui conseiller,
Son amour qui dormoit, n'a fait que s'éveiller.
La voyant à ce point de ce combat émue,
J'ai voulu profiter du trouble, où je l'ai vue ;
J'ai ménagé sa peur. . . .

LE MARQUIS, (*l'interrompant.*)

Fort bien ; mais après tout.
A quoi bon ce combat ?

LAURETTE.

Ecoutez jusqu'au bout :
J'ai dit qu'un moyen sûr d'accorder la querelle,
Ce seroit d'essayer de vous mener chez elle ;
Afin qu'elle vous pût amuser quelque tems ;
Pour nous donner celui d'avertir vos parens.
Dans le paneau d'abord, elle a donné sans peine ;
Ainsi de son aveu chez elle je vous mene.
De sçavoir nos desseins ne faites point semblant.

LE MARQUIS.

Non, non, tu m'introduis à titre de galant ;
Et c'est un rendez-vous qu'il paroît qu'on me donne.
Je serois bien fâché d'en détromper personne,

LAURETTE.

Votre Cousin sur tout, & qu'il vous voye entrer.

LE MARQUIS.

Va, laisse-moi le soin de le désespérer.
Vois-tu? j'aime à semer partout la jalousie;
Ce matin j'ai joué pareille facétie:
Chez une grande Dame assez bien à la Cour,
Ayant hier joué par malheur jusqu'au jour,
J'ai perdu mon argent; mais la perte est légére;
Et ce qu'elle me vaut doit me la rendre chere.

LAURETTE.

Quoi! la Dame en faveur, vous auroit raquitté?

LE MARQUIS.

Non, elle est sage & sotte, à dire vérité,
Mais comme je sortois sans valets & sans suite,
Et que cette retraite avoit l'air d'une fuite,
J'ai rencontré deux Ducs, & des plus médisans
Qui pour chasser ensemble, alloient tous deux
aux champs;
Tous deux m'ont reconnu dès qu'ils m'ont vû
paroître;
Et moi faisant semblant de ne les pas connoître,
J'ai feint de me soustraire à leurs regards jaloux,
Comme un amant discret, qui sort d'un rendez-
vous;
Aujourd'hui, ces Messieurs en feront une his-
toire.

LAURETTE, (*d'un ton ironique.*)

Et cette histoire là, va vous couvrir de gloire!

LE MARQUIS, (*sans écouter, & regardant à tous côtés, d'un air inquiet.*)

Mais j'attens l'Œuillet!

LAURETTE.

LAURETTE.

Qui ? l'Œuillet, votre coureur ?

LE MARQUIS,

Lui-même, où diable est-il ? Il me met en fureur,
Cet automate-là !

SCENE III.

LE MARQUIS, LAURETTE, L'ŒUILLET.

LAURETTE, (*appercevant l'Œuillet.*)

VENEZ donc ! Votre Maître
S'impatiente ici.

LE MARQUIS, (*avec une colere retenue.*)

Vous ne sçauriez donc être ? . . .
Mais, dans un autre tems . . . . Parlez Monsieur l'Œuillet ! . . .
Qu'on mette mon cheval à mon cabriolet !

L'ŒUILLET.

Oui, Monsieur le Marquis.

LE MARQUIS.

La nuit étant venue,
Qu'on le tienne à l'écart, vers le bout de la rue ;
Et de dire où je suis, qu'on sçache se garder !

L'ŒUILLET, (*d'un air de finesse.*)

Oh ! oui, j'entends.

LE MARQUIS.

Au cas qu'on vînt me demander,
Qu'on dise, ... (Et que sur-tout mon Suisse s'en souvienne ;)

Qu'on ne croit pas ce ſoir, que chèz moi je re-
vienne;
Que j'ai dit que j'irois coucher peut-être ailleurs!...
Et ſi l'on demande où, dites:... chez les Bai-
gneurs....
Mais d'un ton!... que le ton en diſe davantage!
Allez,....

(*Congédiant d'un air de fatuité l'Œuillet qui ſe retire*)

LAURETTE.

Vos gens ſont faits à tout ce badinage.

LE MARQUIS.

Mais Laurette il faudroit qu'Acante fût témoin
De mon entrée ici.

LAURETTE.

Champagne en prendra ſoin.
C'eſt un valet zélé; mais à tromper facile;
Et dupe, d'autant plus qu'il ſe croit fort habile;
Et qu'il croit m'attraper, lors même qu'il me ſert,
Bien mieux que s'il étoit avec moi de concert.
Son foible eſt, (de l'humeur dont j'ai ſçû le con-
noître,)
De ſe faire de fête en faveur de ſon Maître;
Il cherche à lui conter toujours quelque ſecret;
Et le trahit ſouvent par un zele indiſcret.
Il prétend qu'il n'eſt rien,... rien dont je ne
l'inſtruiſe;
Et lui dis ſeulement, ce que je veux qu'il diſe;
J'ai feint de craindre fort que ſon Maître en ſçût
rien,

(*appercevant Champagne.*)

Exprès,... Voyez, Monſieur, ſi je le connois
bien?

LE MARQUIS, *se couvrant le visage de son mouchoir.*)

Entrons, l'occasion ne peut être meilleure.

Le Marquis entre chez Isabelle, de l'air du plus grand mystére.

Nota. Je ne sçais si l'on approuvera le retranchement *du Manteau à-bonne-fortune.* Il prêtoit au jeu de Théâtre, & animoit un peu l'action de cette scene. La raison qui me l'a fait supprimer, c'est que *ce vieux Manteau* n'est plus dans la nature de nos mœurs actuelles. De nos jours, dans les rendez-vous galants l'on n'y porte pas plus de manteaux que de discrétion, l'un & l'autre, depuis long-tems, sont passés de mode.

SCENE IV.

ACANTE, CHAMPAGNE.

CHAMPAGNE.

C'EST lui, nous arrivons, Monsieur, à la bonne heure.

ACANTE.

Ah! c'en est trop, je veux. . . . .

CHAMPAGNE.

Monsieur, que voulez-vous?

ACANTE.

Je ne veux croire ici que mes transports jaloux.

CHAMPAGNE.

Mais, Monsieur.

ACANTE.

Laisse-moi, si tu crains ma colere.
Il sont fermé la porte!

CHAMPAGNE.

Ils ont peut-être affaire;
Les mystéres d'amour doivent être cachés

ACANTE.

Heurtons. On n'ouvre pas!

CHAMPAGNE.

C'eſt qu'ils ſont empêchés.
Voyez par le trou. Bon.

ACANTE, (*après avoir regardé par le trou de la ſerrure.*)

Qu'elle ait ſi peu de honte !

CHAMPAGNE.

Vous n'avez donc rien vû qui vous plaiſe, à ce compte?

ACANTE.

Qui l'eût penſé?

CHAMPAGNE.

Quoi, donc! Qui peut tant vous troubler?

ACANTE.

L'ingrate ! ô ciel! J'ai vû. . . . Je ne ſçaurois parler.

CHAMPAGNE.

Vous avez donc, Monſieur, vû choſe bien terrible?

ACANTE.

Je l'ai vûe elle-même, (ah! qui l'eût crû poſſible!)
Enfermer le Galant. . . . Que j'ai ceſſé de voir...

CHAMPAGNE, (*l'interrompant.*)

Où l'a-t'elle enfermé, Monſieur?

ACANTE.

Dans ſon boudoir.

CHAMPAGNE.

Voyez-vous la ruſée avec ſon innocence!
Diable!

ACANTE.

Il faut redoubler.

CHAMPAGNE.

Un peu de patience,

On vient

SCENE V.

LAURETTE, ACANTE. CHAMPAGNE.

LAURETTE.

Qui heurte, ici?

CHAMPAGNE.

Ne vois-tu pas qui c'eſt?

ACANTE.

Oui, c'eſt moi.

LAURETTE

Vous, Monſieur, excuſez, s'il vous plaît,
J'ai charge, ſi c'eſt vous, de refermer la porte.

ACANTE.

Iſabelle oſe ainſi.... Mais tort je m'emporte.
Non, non, elle a raiſon de me traiter ainſi;
Je l'incommoderois, & le galant auſſi.

LAURETTE.

Quel galant?

ACANTE.

Le galant qu'elle enferme chez elle.

LAURETTE.

Voici de notre ami quelque piéce nouvelle.

CHAMPAGNE.

Je n'ai pû m'en tenir, j'ai tout dit. Que veux-tu?
J'aurois trahi Monſieur, s'il n'en avoit rien ſçû.

LAURETTE.

Qu'auroit-il pû ſçavoir de ton babil extrême?

CHAMPAGNE.

Hé.....

LAURETTE.

Quoi?

ACANTE.

Le rendez-vous que j'ai sçû de toi-même.

LAURETTE.

Quel rendez-vous ? Comment ? qu'oses-tu supposer ?

ACANTE.

Et tu prétends qu'ainsi je me laisse abuser ?
Tu veux chercher en vain une méchante ruse.

LAURETTE.

En bonne foi, Monsieur, c'est lui qui vous abuse.

CHAMPAGNE.

Tu me démentirois ?

LAURETTE.

Que ne parles-tu mieux
D'une fille d'honneur ?

CHAMPAGNE.

Démens aussi mes yeux.

LAURETTE.

Qu'auriez-vous vû, Monsieur ?

ACANTE.

J'ai trop vû pour sa gloire ;
J'ai vû. . . . Non, sans le voir, je ne l'aurois pû croire ;
J'ai vû le digne objet dont son cœur est épris,
Se couler doucement chez elle en surtout gris.
Je n'ai point vû Laurette en prendre la conduite ?
Le faire entrer sans bruit ? fermer la porte ensuite ?
Avoir soin du galant & de sa sûreté ?
Enfin, par la serrure, après avoir heurté,
Je n'ai point vû l'ingrate avec un trouble extrême,
Au fond de son boudoir l'enfermer elle-même ?
Ose, ose-le nier.

CHAMPAGNE.

Que dis-tu de cela ?
Explique-nous un peu quelle affaire il a là.
Avec ton bel esprit tu ne sçais que répondre.

LAURETTE.

C'est ... j'ai.... Je....

CHAMPAGNE.

Tu ne fais, ma foi, que te confondre :
Crois-moi, fais-mieux, avoue.

ACANTE.

En cette occasion,
Faut-il quelque autre aveu que sa confusion?
Son silence en dit plus qu'on n'en veut sçavoir d'elle,
Il faut que j'aille aussi confondre l'infidelle,
Que j'éclate ...

LAURETTE.

Hé, Monsieur ! ne soyez pas si prompt ;
Quelle gloire aurez-vous de lui faire un affront ?
De faire un tort mortel à l'honneur d'une fille
Si sage jusqu'ici, de si bonne famille ?
De plus qui vous fut chere ? Enfin, songez-y bien,
Vous êtes honnête homme, & vous n'en ferez rien.
Un mépris généreux, s'il vous étoit possible,
Seroit pour vous plus beau, pour elle plus sensible.

ACANTE.

La voici.

SCENE VI.

ISABELLE, ACANTE, LAURETTE, CHAMPAGNE.

LAURETTE à *Isabelle.*

C'EST Monsieur, qui m'arrête en ces lieux.

ACANTE, *à Champagne.*

Elle est toute interdite.

ISABELLE, *à Laurette.*

Il paroît furieux.

LAURETTE, *à Isabelle.*

Tandis que j'aurai soin d'amuser sa colere,
Vous ferez bien d'aller avertir votre mere.

ACANTE, *à Isabelle.*

Quoi ! sans rien dire ainsi passer en m'évitant ?

LAURETTE.

Elle a hâte, Monsieur, & Madame l'attend.

ISABELLE.

Il vous importe peu qu'ainsi je me retire ;
Nous n'avons que je crois, Monsieur, rien à nous dire :
Vous ne me cherchez pas.

ACANTE.

Je serois mal reçû ;
Je cherche mon cousin, ne l'auriez-vous point vû ?

LAURETTE.

Non, Monsieur. Souffrez-vous qu'ainsi l'on vous amuse ?

ACANTE.

Hé quoi ! vous paroissez & surprise & confuse ?
D'où naît cette rougeur ?

ISABELLE.

C'est d'un juste courroux.

ACANTE.

Enfin donc, mon cousin n'est pas venu chez
vous ?

ISABELLE.

Il y pouvoit venir, s'il vous eût plû permettre
Que jusqu'entre ses mains on eût porté ma Lettre ;
Mais l'ayant déchirée il n'en a rien appris.

ACANTE.

C'étoit pour mon cousin ?

ISABELLE.

Vous en semblez surpris ?
Laurette n'a pas dû vous en faire un mystere.

LAURETTE.

Mon Dieu ! vous vous ferez crier par votre mere,
D'un éclaircissement vous vous passerez bien.

ISABELLE.

C'est un soin en effet qui n'est plus bon à rien.

ACANTE, (*arrêtant Isabelle.*)

Auprès de votre mere, au moins sans trop d'audace,
Pourrois-je encor de vous espérer une grace ?
Votre mere étant veuve avec tant de beautés,
On va venir briguer son choix de tous côtés ;
Votre suffrage y peut être considérable,
Et j'ose vous prier qu'il me soit favorable.
Nul ne peut mieux que vous parler en ma faveur :
Vous avez fait l'essai vous-même de mon cœur,
Vous sçavez comme il aime, il fut sous votre empire,
Vous sçavez....

ISABELLE.

Oui, Monſieur, je ſçai ce qu'il faut dire.

SCENE VII.

ACANTE, LAURETTE. CHAMPAGNE.

CHAMPAGNE.

Elle eſt au déſeſpoir, Laurette l'a bien dit;
Vous ne lui pouviez pas faire un plus grand dépit,
De chagrin plus marqué, de peine plus cruelle.

ACANTE.

Cependant le Marquis eſt enfermé chez elle?

LAURETTE.

Je prendrai ſoin, Monſieur, ſi-tôt qu'il ſera nuit,
De le faire ſortir ſans ſcandale & ſans bruit:
Fût-il déjà bien loin; ſi l'on m'en avoit crue,
Iſabelle en ſecret n'eût point ſouffert ſa vûe,
N'eût jamais accordé ce rendez-vous maudit:
Enfin pour l'empêcher, Dieu ſçait ce que j'ai dit;
Mais elle m'a parlé d'une façon ſi tendre,
Que ma ſotte bonté ne s'en eſt pû défendre:
Je ſuis trop complaiſante, & je m'en veux du mal.

ACANTE.

Mais je veux voir ſortir moi-même ce rival.

LAURETTE.

Tout comme il vous plaïra, j'y conſens; mais de grace,
Que la choſe entre vous avec douceur ſe paſſe;

Montrez-vous généreux, ne faites point d'éclat,
Le monde est si méchant l'honneur si délicat,
De ce qui s'est passé la moindre connoissance,
Peut faire étrangement parler la médisance :
L'honneur dans notre sexe est sensible à tel point,
Que les torts qu'on lui fait ne se réparent point.
Et si vous épousiez quelque jour Isabelle....

ACANTE.

Moi, l'épouser après ce que j'ai connu d'elle !
Après la trahison dont je suis éclairci !
Après l'indigne amour dont son cœur s'est noirci !
Je cherche à m'en venger, c'est tout ce que j'espere.

LAURETTE.

Si je puis vous servir pour épouser sa mere,
Je vous offre mes soins, & sans déguisement...

ACANTE.

Mais ne pourrois-je pas m'en venger autrement ?

LAURETTE.

Non, Monsieur, que je sçache. Il est vrai, ma maîtresse
Tente moins que sa fille & n'a pas sa jeunesse,
Son éclat, sa beauté : mais au lieu de cela,
Si vous sçaviez, Monsieur, les beaux louis qu'elle a,
Les terres, les châteaux, & le nombre innombrable
D'effets tous au porteur.

CHAMPAGNE.

Peste ! quelle est aimable !
Epousez-là, Monsieur, s'il se peut, dès ce soir.

ACANTE.

Qu'Isabelle ait ainsi pû trahir mon espoir !

CHAMPAGNE.

Mocquez-vous d'Isabelle & de son inconstance.

ACANTE.

...Mais sa mere sort.

SCENE VIII.

ISMENE, ACANTE, LAURETTE, CHAMPAGNE,

ISMENE.

Craignez-vous ma présence ?

ACANTE.

La peur d'être importun & de vous détourner...

ISMENE.

Vous ne sçauriez, Monsieur, jamais importuner ;
Des soins de mes amis je me tiens obligée ;
Mais on fuit volontiers une veuve affligée ;
Car puisqu'il plaît au Ciel, trop contraire à mes vœux,
Mon veuvage à présent n'a plus rien de douteux.

LAURETTE.

Monsieur sçait tout, Madame, & chérit la famille,
Il a fait compliment pour vous à votre fille ;
Vous l'a-t-elle pas dit ?

ISMENE

Au contraire — en total,
Ma fille, de Monsieur ne m'a dit que du mal ;
Je n'ai jamais tant vû de colere & de haine,
Et ne l'ai même enfin fait taire qu'avec peine.

ACANTE.

Elle me fait plaisir, injuste comme elle est,
Sa colere m'oblige, & sa haine me plaît ;
Je me tiens honoré du mépris qu'elle exprime,
Et j'aurois à rougir si j'avois son estime.

ISMENE.

Je souffre de vous voir tous deux si désunis,
Je vous aimois toujours autant & plus qu'un fils ;
Ce Ciel m'en est témoin, & que votre alliance
A fait jusques-ici ma plus chere espérance.

LAURETTE.

Si ces nœuds sont rompus, il en est de plus doux
Qui pourroient renouer l'alliance entre vous :
Monsieur peut rencontrer dans la même famille
De quoi se consoler des mépris de la fille.
Et Madame voyant Monsieur mal satisfait,
Peut réparer le tort que sa fille lui fait.
Vous êtes en état tous deux de mariage.

ISMENE.

Laurette, en vérité, vous n'êtes guére sage.

LAURETTE.

Sage ou non, croyez-moi tous deux, à cela près :
Pour Monsieur j'en répons, je sçais ses vœux secrets.
Il souhaite ardemment une union si belle,
C'est vous qu'il veut aimer, c'est vous...

ACANTE.

Ah, l'infidelle !

ISMENE.

Monsieur songe à ma fille & n'y renonce pas.

ACANTE.

Moi, Madame, y songer ! j'aurois le cœur si bas !
De cette lâcheté vous me croiriez capable ?

LAURETTE.

Non, c'eſt lui faire tort, cela n'eſt pas croyable;
Quoi que lui faſſe dire un tranſport de courroux,
Monſieur aſſurément ne veut ſonger qu'à vous.

ACANTE.

Madame, il eſt certain; jamais, je le confeſſe,
L'amour n'a fait aimer avec tant de tendreſſe,
N'a jamais inſpiré dans le cœur d'un amant
Tant de délicateſſe & plus de ſentiment,
Rien d'égal à l'ardeur pure, vive, fidelle
Dont mon ame charmée adoroit Iſabelle.
Vous voyez cependant comme j'en ſuis traité.

ISMENE.

La jeuneſſe, Monſieur, n'eſt que légéreté;
Au ſortir de l'enfance une ame eſt peu capable
De la ſolidité d'un amour raiſonnable,
Un cœur n'eſt pas encor aſſez fait à ſeize ans,
Et le grand art d'aimer veut un peu plus de tems.
C'eſt après les erreurs où la jeuneſſe engage,
Vers trente ans, c'eſt-à-dire, environ à mon âge,
Lorſqu'on eſt de retour des vains amuſemens
Qui détournent l'eſprit des vrais attachemens:
C'eſt alors qu'on peut faire un choix en aſſurance,
Et c'eſt-là proprement l'âge de la conſtance.
Un eſprit juſques-là n'eſt pas bien arrêté,
Et les cœurs pour aimer ont leur maturité.

ACANTE.

Mais, Madame, après tout, qui l'eût crû d'Iſabelle?
Iſabelle inconſtante! Iſabelle infidelle!
Iſabelle perfide, & ſans ſe ſoucier...

ISMENE.

Quoi! toujours Iſabelle!

ACANTE.

Ah ! c'eſt pour l'oublier,
Et je veux, s'il ſe peut dans mon dépit extrême,
Arracher de mon cœur juſques à ſon nom même;
Je veux n'y laiſſer rien de ce qui me fut doux.
Grace au Ciel, c'en eſt fait.

LAURETTE.

C'eſt fort bien fait à vous.

ACANTE.

J'en fais juge Madame, & veux bien qu'elle diſe
Si de ſa perfidie elle n'eſt point ſurpriſe,
Après tant de ſermens, & ſi tendrement faits,
De nous aimer toujours, de ne changer jamais,
Iſabelle aujourd'hui, cette même Iſabelle...
Madame, obligez-moi, ne me parlez plus d'elle.

ISMENE.

C'eſt vous qui m'en parlez.

ACANTE.

Ce ſont tous ces endroits,
Où l'ingrate a promis de m'aimer tant de fois:
Ces lieux témoins des nœuds dont ſon cœur ſe dégage,
De qui l'objet encor m'en rappelle l'image;
Et pour marquer l'ardeur que j'ai d'y renoncer,
Je ne veux plus rien voir qui m'y faſſe penſer.
Tout me parle ici d'elle, il vaut mieux que je ſorte.

LAURETTE, (*arrêtant Acante qui veut paſſer par la chambre d'Iſmene.*)

Par où donc allez-vous ?

ACANTE.

Je ne ſçais, mais n'importe,
Par le petit degré l'on deſcend auſſi bien.

ISMENE.

Ma fille est là-dedans.

ACANTE.

Ah! je m'en ressouvien ;
Il n'est pas en effet à propos que j'y passe ;
Sans vous je l'oublois, & vous m'avez fait grace.

SCENE IX.

ISMENE, LAURETTE.

ISMENE.

Fais sortir le Marquis.

LAURETTE.

Vous, du même moment,
Tâchez de profiter d'un premier mouvement,
Pour le pere d'Acante engagez Isabelle.

ISMENE.

J'y vais, je l'ai laissé dans ma chambre avec elle.
Mais tu m'avois parlé d'un vieillard....

LAURETTE.

Je l'attens,
Et vous verrez bien-tôt tous vos desirs contens.

ISMENE.

Hélas!

LAURETTE.

Comment, hélas! pour vous rendre contente
Que vous faut-il de plus, que d'épouser Acante?

ISMENE.

Qu'il m'aimât, que ma fille eût pour lui moins d'attraits :
Tu vois....

LAURETTE.

Prenez-vous garde à cela de ſi près ?
Epouſez-le toujours.

ISMENE.

Eh ! mais ſi je l'épouſe,
S'en aimeront-ils moins ?.... ſerai-je moins jalouſe ? ...
Ah ! leur amour m'accable !... Il m'ôte tout eſpoir.

LAURETTE.

Mais rien n'eſt encor fait, & c'eſt à vous à voir ;
Si vous voulez tout rompre, un mot pourra ſuffire ?
Vous n'avez....

ISMENE.

Ce n'eſt pas ce que je te veux dire.
Acante, tel qu'il eſt, n'eſt pas à négliger ;
Et quand ce ne ſeroit qu'afin de me venger,
Que pour punir ma fille, épouſant ce qu'elle aime,
Cet hymen m'eſt toujours d'une importance extrême.

LAURETTE.

Tâchons donc d'achever, tout commence aſſez bien.

ISMENE.

Agis de ton côté, je vais agir du mien.

Fin du quatriéme Acte.

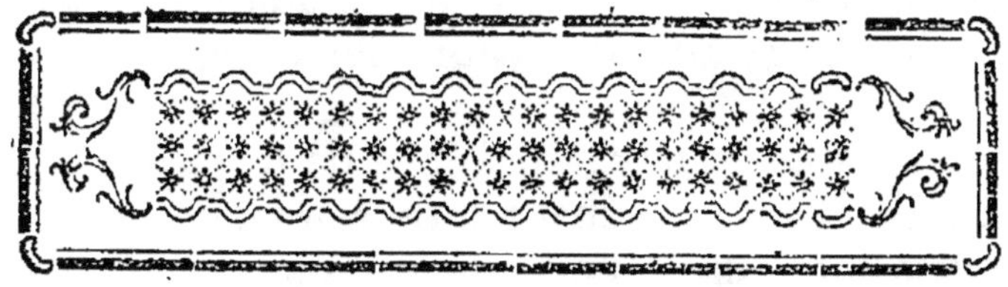

ACTE V.

SCENE PREMIERE.

LE MARQUIS, LAURETTE. CHAMPAGNE, (au fond du Théâtre.)

LAURETTE, (*voyant Champagne au guet qui se retire aès qu'il apperçoit le Marquis.*)

L'AVEZ-vous vû, Monſieur ?

LE MARQUIS.

Quoi ! qu'as-tu vû paroître ?

LAURETTE.

L'ami Champagne au guet pour avertir ſon maître ;
Il veut vous voir ſortir, ſouvenez-vous donc bien
S'il vient à vous parler ...

LE MARQUIS.

Va, je n'oublirai rien :
Eh ! mon enfant, combien d'avantures communes,
J'ai ſçû faire paſſer pour des bonnes fortunes!—
Lorſque l'on nous refuſe, il faut bien dans ce cas,

Faire croire qu'on a les femmes qu'on n'a pas.
Le triomphe d'ailleurs, vaut mieux, que la victoire ;
L'on accable un Rival de l'éclat de sa gloire.
Acante va venir sçachant mon rendez-vous,
Je vais humilier ;... excéder mon jaloux ;
Et moitié sérieux, moitié plaisanterie,
Je veux que mes propos le mettent en furie...
Va, croi qu'il passera mal son tems avec moi.

LAURETTE.

J'entens quelqu'un. Adieu.

SCENE II.

ACANTE, LE MARQUIS.

ACANTE, (*à Champagne qu'il renvoie.*)

Laisse-nous, je le voi.

LE MARQUIS, (*en surtout gris, se cachant le visage de son mouchoir, & voulant se retirer d'un air mystérieux.*)

ACANTE, (*prenant poliment le Marquis par le bras.*)

Non, non, ne croyez pas m'échapper de la sorte !

LE MARQUIS, (*feignant encore de se retirer.*)

C'est moi, Cousin, permets de grace que je sorte ;
Pour n'être point connu ; j'ai certains intérêts.

ACANTE, (*le retenant doucement.*)

Ecoutez quatre mots ; vous sortirez après.

LE MARQUIS.

Je vois bien que tu veux me parler de ton pere ;
Je l'ai vû ; l'ai pressé ; . . . . ma foi j'en désespere ;
C'est un homme cruel ;. . . . il m'a tenu rigueur.
Je ne sçais ce qui peut endurcir tant son cœur,
Je n'ai pû l'émouvoir ; il n'est rien qui le touche.

ACANTE.

Et le cœur d'Isabelle est-il aussi farouche ?

LE MARQUIS.

Comment ?

ACANTE.

Vous l'ignorez ?

LE MARQUIS.

Qu'entens-tu donc par-là ?

ACANTE.

Vos nouvelles amours ?

LE MARQUIS.

Mon cher, laissons cela !
Là-dessus en ami tout ce que je puis faire
De mieux pour ton repos, . . . crois-moi, c'est de me taire.

ACANTE.

Ne me déguisez rien, j'ai tout appris d'ailleurs.

LE MARQUIS.

N'importe, je craindrois d'irriter tes douleurs;
Je vois trop quel chagrin en secret te dévore ;
Adieu, dispense-moi de t'affliger encore.

ACANTE.

Non, je puis sans chagrin sçavoir votre bonheur.
Isabelle à présent ne me tient plus au cœur ;
Je vois son changement avec indifférence,
Et vous pouvez m'en faire entiere confidence.

Je me ſens bien guéri, ne craignez rien pour moi.

LE MARQUIS.

Tout de bon ?

ACANTE.

Tout de bon.

LE MARQUIS.

Tu fais fort bien, je croi,
Mépriſer le mépris ; rendre haîne pour haîne ;
Eſt le parti qu'il faut qu'un galant homme prenne. —
Iſabelle, après tout, n'a rien fait d'étonnant ;
Tu lui plûs autrefois, je lui plais maintenant ;
Pendant quatre ou cinq ans, ſon cœur fut ta conquête ;
Du ſexe dont elle eſt, le terme eſt fort honnête ;
Tu ne dois pas t'en plaindre, & je la quitte à moins.

ACANTE.

Avez-vous pour lui plaire employé bien des ſoins ?

LE MARQUIS, (*d'un air fat & malin.*)

Qui moi ? . . . . des ſoins, fi donc ! . . . des femmes ignorées ! . . .
Non, je ne rends des ſoins qu'à des femmes titrées. —
Quant à ce cœur bourgeois, que je t'enléve ici,
Je l'ai conquis ſans peine, & ſans ſoins, Dieu merci.

ACANTE.

Mais, depuis que pour vous elle s'eſt décidée ;
Quelle marque d'amour vous a-t-elle accordée ?
Comment en uſe-t-elle avec vous en ſecret ?

LE MARQUIS.

Comme çà.

ACANTE, (*très-vivement.*)

Comme quoi ?

LE MARQUIS.

Tu marques du regret !
Tu prens feu ! . . . parle moi franchement, je te prie :
Tout ceci de ma part, n'eſt que coquetterie ;
Mon deſſein, mon ami, n'eſt pas de te croiſer. . .
Je me ſacrifirai, ſi tu veux l'épouſer.

ACANTE, (*avec une colere retenue.*)

C'eſt pour moi trop d'honneur, je vous cede la place ;
Mais, pourrais-je de vous obtenir une grace ?

LE MARQUIS.

Ordonne. Que veux-tu ?

ACANTE.

Peut-on vous voir demain ?

LE MARQUIS.

Demain ? très-volontiers, & le verre à la main.
Quand de notre chagrin, l'amour eſt le principe,
Il faut ſe voir à table ; . . . à table il ſe diſſipe.

ACANTE, (*d'un air d'humeur & d'un ton très-ferme.*)

Non, j'aime mon chagrin, & je voudrois goûter
La joie & le plaiſir de le faire éclater ;
M'entendez-vous, Monſieur ?

LE MARQUIS, (*d'un air léger.*)

Comment, contre Iſabelle ?
Tu vas la tourmenter ?

ACANTE, (*avec impatience.*)

Hé ! qui vous parle d'elle ?
Vous ne voulez pas voir à quoi je me réſous :
Je veux pour elle ici m'égorger avec vous.

LE MARQUIS, (*d'un air noble & léger.*)

Avec moi ? . . . Quel travers !... pour un rien
tu t'enflammes ? . . .
Mais l'on ne se bat plus aujourd'hui pour des
femmes,
La mode en est passée ; . . . & c'est avec raison,
Du vieux style à présent . . . un ton de garnison . .
Un ridicule ! . . .

ACANTE, (*l'interrompant brusquement, & mettant son chapeau.*)

Eh ! non, Monsieur, le ridicule
Est, & fut de tous tems, pour celui qui recule.

LE MARQUIS, (*se couvrant d'un grand sang-froid.*)

Je ne recule point, mais j'y mets du sang-froid,
Je me bats, & je tue ; . . . & toujours malgré
moi.

ACANTE, (*mettant l'épée à la main.*)

Fanfaronade, allons :

LE MARQUIS, (*la mettant aussi.*)

Volontiers,
(*parant une botte*) sans colere.

ACANTE, (*poussant quelqu'autres bottes.*)

Ah ! bien-tôt, . . . quelqu'un sort . . . (*le combat cesse.*)

LE MARQUIS, (*en riant & remettant son epée.*)

(*a*) Ce n'est rien que ton pere.

(*a*) Des critiques sévéres & d'un goût je crois trop délicat n'étoient point d'avis que je donnasse de la bravoure *au Marquis* ; & sur-tout une bravoure froide. Voici les raisons sur lesquelles ils se fondoient :

Premiérement, ils prétendent que la valeur n'est pas ordinairement le partage d'un homme aussi méprisable à tant d'autres égards, que le Marquis.

SCENE III.

CRE'MANTE, ACANTE.

CRE'MANTE.

COMMENT ! Qu'est-ce ceci ?

ACANTE.

Mon pere...

CRE'MANTE, *l'interrompant.*)

Taisez-vous. —

Vous, Marquis, dites-moi...

En second lieu, qu'en le peignant intrépide, je lui donne *un avantage* réel *sur Acante*, qui est le premier personnage de cette Comédie, & celui auquel seul on doit s'intéresser.

Je ne sçais si je me trompe, mais je pense que pourvû que l'on ne s'écarte point de la nature, il a toujours été permis de présenter au Théâtre un caractére qui se rencontre assez communément dans la Société. Il me semble que rien n'est moins rare, (sur-tout dans notre Nation,) que de trouver un homme sans principes & sans mœurs, qui malgré cela se bat bien & très-bien.

Quant à la seconde objection, j'avoue que je ne vois pas *quel avantage effectif & estimable*, cette bravoure froide peut donner au Marquis sur Acante. Le Marquis quoique brave éloigne le combat, il ne s'y résout que malgré lui ; il n'y est porté par aucunes raisons ; il est donc dans la nature qu'il puisse se battre de sang-froid, il n'y a pas grand mérite à cela ; & il est également dans la nature qu'Acante qui est au désespoir de se voir enlever sa Maîtresse, se batte avec fureur, *je ne vois rien là d'un autre côté qui dégrade.* Il me paroit qu'en les peignant autrement, ç'eût été manquer la vérité du tableau.

Ajoutez à cela, que celui d'un bas poltron, (d'ailleurs assez peu agréable à la vue,) est un sujet rebattu, au lieu que je ne me souviens point que l'on nous ait encore crayonné l'esquisse que l'on risque ici, d'un homme en fureur, qui se bat contre quelqu'un de sang-froid.

LE

LE MARQUIS, (*l'interrompant.*)

C'eſt un ſoupçon jaloux,
Sur Iſabelle & moi... la fureur le tranſporte....

CREMANTE, (*l'interrompant.*)

Iſabelle?... on ſuit donc mes ordres de la ſorte?

LE MARQUIS, (*du ton de la plaiſanterie, en riant.*)

Se battre pour cela!.. Mais n'eſt-il pas exquis?

CREMANTE.

Vîte qu'on faſſe excuſe à Monſieur le Marquis.

ACANTE.

Moi? Je ferois, Monſieur, excuſe à qui m'offenſe.

CREMANTE.

N'importe, je le veux.

LE MARQUIS, (*d'un ton badin.*)

Non, non, je l'en diſpenſe,
Je n'humilîrai point ce digne Chevalier
(*en riant.*)
Du beau ſexe. — Il eſt rare; ... il eſt trop ſingulier.

SCENE IV.

CREMANTE, ACANTE.

CREMANTE.

MAIS perdez vous l'eſprit? avoir l'extravagance
De choquer un parent de cette conſéquence?
Vous faire étourdiment une affaire avec lui?
Pour Iſabelle encor, ... à laquelle aujourd'hui
Vous devez renoncer; & ne jamais prétendre?

Il vous sied bien ici de nous faire une esclandre,
Pour une fille honnête, & qu'on va marier.

ACANTE, (*l'interrompant.*)

Juste Ciel! Se peut il?...

CREMANTE, (*l'interrompant.*)

Pour quoi se récrier?
Oui, sans doute, il se peut; c'est une affaire faite.
La fille en est d'accord, la mere le souhaite.

ACANTE.

Et ce sera bien-tôt?

CREMANTE.

Ce sera, que je croi,
Dans huit jours au plus tard.

ACANTE.

Mais à qui donc?

CREMANTE.

A moi

ACANTE.

A vous?

CREMANTE.

A moi.

ACANTE.

Quoi! vous épouser Isabelle,
Vous disiez qu'elle étoit bien moins riche que belle;
Vous blâmiez ce parti, que je trouvois si doux?

CREMANTE.

C'est que ce parti-là me convient mieux qu'à vous.

ACANTE.

Vous oubliez ainsi la parole donnée?

CREMANTE.

Isabelle, il est vrai, vous étoit destinée:
Jadis son pere & moi, comme amis dès long tems,
Nous nous étions promis d'unir nos deux enfans:
S'il étoit revenu, vous auriez eu sa fille;

Mais sa mort change enfin l'état de sa famille ;
Et pour plusieurs raisons, je trouve qu'en effet,
Tout bien considéré, ce n'est pas votre fait.
Sa veuve l'est bien mieux ; voûs aimez la dépense,
Isabelle pour dot n'a qu'un peu d'espérance,
Sa mere maintenant jouit de tout le bien,
Et n entend pas encor se dépouiller de rien ;
Elle ne lui promet qu'une légere somme.
Il faut qu'un mariage établisse un jeune homme,
Qu'il trouve en s'engageant du bien pour vivre heureux,
Ou pour toute sa vie il est sûr d'être gueux.
L'amour perd la jeunesse ; & pour une jeune ame
Rien n'est si dangereux qu'une trop belle femme :
C'est ce qui rend souvent le cœur effeminé.
Pour moi qui suis d'un âge au repos destiné,
Je ne suis pas en droit d'être si difficile,
Et je puis préferer l'agréable à l'utile.
Aprés tant de travaux, tant de soins importans,
Où j'ai sacrifié les plus beaux de mes ans,
Il est bien plus juste enfin, que suivant mon envie,
Je tâche de sortir doucement de la vie,
Et qu'avant que d'entrer au cercueil où je cours,
J'essaye à bien user du reste de mes jours.
Je vois que ces raisons ne vous contentent guere ;
Mais enfin je suis libre, & de plus votre pere :
Je n'ai pas, Dieu merci, besoin de votre aveu,
Et que je l'aye, ou non, cela m'importe peu.

ACANTE.

Si vous connoissiez bien ce que c'est qu'Isabelle,
Son peu de foi...

CREMANTE.

Gardez d'oser parler mal d'elle,
Elle est presque ma femme, & déjà m'appartient;
Et si vous l'offensez... Mais la voici qui vient.

SCENE V.

ISABELLE, CREMANTE. ACANTE

CREMANTE.

Vous quittez donc déjà Madame votre mere?

ISABELLE.

Un vieillard l'entretient d'une secrette affaire;
Champagne l'a conduit par le petit dégré,
Et l'on m'a fait sortir si-tôt qu'il est entré.

CREMANTE.

Vous me trouvez outré d'une juste colere.

ISABELLE.

Contre qui donc, Monsieur?

CREMANTE.

Contre un fils téméraire.

ISABELLE.

Quel sujet contre lui vous peut mettre en courroux?

CREMANTE.

Quel sujet! L'insolent veut médire de vous,
Il voudroit empêcher notre heureux mariage:
Mais mon cœur à ce choix trop fortement s'engage.

ISABELLE.

Se peut-il que Monsieur, engagé comme il l'est,
Prenne en ce qui me touche encore quelque intérêt?

CREMANTE.

C'eſt malice ou dépit, mais vous m'êtes ſi chere..

ACANTE.

Si j'y prens intérêt, ce n'eſt que pour mon pere.

CREMANTE.

De quoi vous mêlez-vous ? Vous parlerez tantôt !
Penſez-vous mieux que moi ſçavoir ce qu'il me faut ?
Allez, ma belle enfant, malgré lui je déſire....

ISABELLE.

Mais, Monſieur, mais encor, qu'eſt-ce qu'il pourroit dire ?

CREMANTE.

Je n'en veux rien ſçavoir, & déjà comme époux
J'ai tant d'affection, tant d'eſtime pour vous....

ISABELLE.

Je mets au pis, Monſieur, toute ſa médiſance.
S'il me peut accuſer, c'eſt de trop d'innocence,
D'avoir un cœur trop tendre, & qu'il ſçut trop toucher;
C'eſt tout ce que je crois qu'il me peut reprocher.

ACANTE.

Ah ! ſi je n'avois point autre reproche à faire !

CREMANTE.

Où je parle, où je ſuis, mêlez-vous de vous taire,
Autrement....

ACANTE.

Je me tais, mais ſi j'oſois parler ;
Si vous ſçaviez, Monſieur....

CREMANTE.

Quoi ! toujours nous troubler !
Vous pouvez là dehors jaſer tout à votre aiſe.

ACANTE.

Je ne dirai plus rien Monſieur, qui nous déplaiſe.

CREMANTE.

Je lui défens de dire un seul mot contre vous ;
L'ingrat mérite assez déjà votre courroux ;
Vous le haïriez trop.

ISABELLE.

Non, non, laissez-le dire,
Ma haine encor n'est pas au point que je désire ;
Laissez-le de nouveau m'outrager, me trahir,
Laissez-le enfin, Monsieur, m'aider à le haïr.

ACANTE.

Je n'ai que trop de lieu de vous pouvoir confondre.

CREMANTE.

Plaît-il ?

ACANTE.

Je ne dis rien, je ne fais que répondre.

CREMANTE.

On ne vous parle pas. Pour la derniere fois,
Taisez-vous, ou sortez, je vous laisse le choix.

ISABELLE.

Il se taira, Monsieur.

CREMANTE.

J'entens qu'il considere
Sa belle-mere en vous.

ACANTE.

Elle ma belle-mere !

CREMANTE.

Vous voyez à ce nom comme il est irrité.

ISABELLE.

Je ne l'aurois pas eu, s'il l'avoit souhaité ;
Il sçait bien à quel point il avoit sçû me plaire.

CREMANTE.

Ne vous amusez pas à vous mettre en colere,
Il n'en vaut pas la peine.

ISABELLE.

Oui, l'ingrat aujourd'hui
Ne vaut pas en effet qu'on pense encore à lui.

CREMANTE.

C'eſt un impertinent.

ISABELLE.

Cependant je confeſſe
Qu'il fut l'unique objet de toute ma tendreſſe,
Qu'il avoit tous mes vœux pour être mon époux.

CREMANTE.

Ah! quel meurtre, bon Dieu, ç'auroit été pour vous!
Si pour votre malheur il vous eût épouſée,
Il vous eût peu chérie, il vous eût mépriſée,
Vous n'auriez avec lui jamais pû rencontrer
Cent douceurs qu'avec moi vous devez eſpérer.
Je vous ferai benir le choix qui nous engage.
Ah! ſi vous m'aviez vû dans la fleur de mon âge,
Je valois en ce tems cent fois mieux que mon fils,
Et le vaux bien encor, malgré mes cheveux gris.
Je ſuis vieux, mais exempt des maux de la vieilleſſe,
Je me ſens rajeunir par l'amour qui me preſſe,
Par des yeux ſi puiſſans, par des charmes ſi doux.
Hum.

ISABELLE.

Je vous plains d'avoir cette méchante toux.

CREMANTE, (*en touſſant*)

Point, point, c'eſt une toux dont la cauſe m'eſt douce,
C'eſt de tranſport, enfin c'eſt d'amour que je touſſe.
J'ai tant d'émotion....

SCENE VI.

CREMANTE, CHAMPAGNE, ISABELLE, ACANTE.

CHAMPAGNE, *(tirant Crémante par le bras.)*

Monsieur?

CREMANTE.

Haye.

CHAMPAGNE.

Excusez.

Est-ce à l'endroit?....

CREMANTE.

Lourdaut, si vous ne vous taisez...

CHAMPAGNE.

On auroit là-dedans quelque chose à vous dire.

CREMANTE.

J'y vais. Allez devant. Et vous?

ACANTE.

Je me retire;

N'en doutez point, Monsieur.

ISABELLE.

Monsieur peut croire aussi

Que je n'ai pas dessein de demeurer ici.

CREMANTE.

Bon soir.

SCENE VII.

ACANTE, ISABELLE.

ACANTE, (*revenant sur ses pas.*)

L'INGRATE encor ne s'est pas retirée.

ISABELLE.

Vous n'êtes pas sorti ?

ACANTE.

Vous n'êtes pas rentrée ?

Qui vous peut retenir ?

ISABELLE.

Qui vous fait demeurer ?

ACANTE.

Moi ? rien, je vais sortir.

ISABELLE.

Je vais aussi rentrer.

ACANTE.

Quoi ! vous me fuyez donc avec un soin extrême ?

ISABELLE.

Moi ! point : c'est vous, Monsieur, qui me fuyez vous même.

ACANTE.

C'est vous faire plaisir ; au moins, je l'ai pensé.

ISABELLE.

Vous sçavez qu'autrefois... Mais laissons le passé.

ACANTE.

Vous allez donc enfin être ma belle-mere ?

ISABELLE.

Vous allez donc aussi devenir mon beau-pere ?

ACANTE.

Oz ! vous obéirez sans un effort bien grand ?

ISABELLE.

Cela vous eſt, je penſe, aſſez indifférent.

ACANTE.

Il me devroit bien l'être, après l'injuſte flâme

Qu'un indigne rival a ſurpris dans votre ame.

Le Marquis....

ISABELLE.

Vous pourriez croire mon cœur ſi bas,

Si lâche ?...

ACANTE.

Hé, quel moyen de ne le croire pas ?

ISABELLE.

Il ne falloit avoir pour moi qu'un peu d'eſtime.
Suivez, Monſieur, ſuivez l'ardeur qui vous anime,
Rompez l'attachement dont nous fûmes charmés,
Briſez les plus beaux nœuds que l'amour ait formés.
Puiſqu'il vous plaît enfin, trahiſſez ſans ſcrupule,
Ces ſermens ſi trompeurs, où je fus ſi crédule;
Portez ailleurs des vœux qui m'ont été ſi doux;
Mais épargnez au moins un cœur qui fut à vous;
Un cœur qui trop content de ſa premiere chaîne,
La voit rompre à regret, & n'en ſort qu'avec peine;
Un cœur trop foible encor, pour qui l'oſe trahir;
Et qui n'étoit pas fait enfin pour vous haïr.

ACANTE.

Vous voulez m'abuſer en parlant de la ſorte:
Hé bien, ingrate, hé bien, abuſez-moi, n'importe,
Trompez-moi, s'il ſe peut, l'abus m'en ſera doux,
Mon cœur même eſt tout prêt de s'entendre avec vous;

Mais faites que ce cœur dont je ne ſuis plus maître,
Soit ſi bien abuſé, qu'il ne penſe pas l'être.
J'ai peine à croire encor tout ce que j'ai pû voir.

ISABELLE.

Mais quoi donc ?

ACANTE.

Le Marquis caché chez vous ce ſoir,
Enfermé par vous-même.

ISABELLE.

On m'avoit fait entendre
Que vous aviez querelle.

ACANTE.

Ah ! c'eſt mal ſe défendre.
Eh ! juſtifiez vous, d'ailleurs ; ce billet doux
Au Marquis....

ISABELLE, (*l'interrompant.*)

Vous ſçavez qu'il n'étoit que pour vous.
Ingrat !

ACANTE.

N'avez-vous pas avoüé le contraire ?

ISABELLE.

Doit-on croire un aveu que le dépit fait faire ?
Croyez plûtôt Laurette.

ACANTE.

Hélas ! ſi je la croi,
Vous aimez le Marquis, vous me manquez de foi.

ISABELLE.

Laurette auroit bien pû me trahir de la ſorte ?

SCENE DERNIERE.

ISABELLE, LAURETTE, ACANTE.

LAURETTE.

Que me donnerez-vous, pour l'avis que j'apporte ?

ISABELLE.

Perfide, te voilà !

ACANTE.

Fourbe !

ISABELLE.

Esprit dangereux !

LAURETTE.

Est-ce ainsi qu'on reçoit qui vient vous rendre heureux ?

ISABELLE.

Toi qui nous a trahis !

LAURETTE.

Je n'en fais plus mystere ;
J'ai fait pour vous brouiller tout ce que j'ai pû faire,
Mis le Marquis en jeu pour y mieux reussir ;
Mais qui vous a brouillé veut bien vous éclaircir.

ACANTE.

Tu ne meurs pas de honte !

LAURETTE.

Hé, pourquoi, je vous prie ?
Est-ce une honte à moi qu'un peu de fourberie ?
N'est-ce pas mon devoir ?

ISABELLE.

Ton devoir ?

LAURETTE.

En effet,
Que pouvez-vous blâmer en tout ce que j'ai fait ?

Je n'ai qu'exécuté l'ordre de votre mere.
Votre amant, par malheur, avoit trop sçû lui plaire,
Sans doute elle avoit tort de vous l'oser ravir;
Mais c'étoit ma maîtrsse, & j'ai dû la servir.

ISABELLE.

Tu n'as point eu pitié du trouble où tu nous jettes?

LAURETTE.

Allez, le mal n'est point si grand que vous le faites,
L'amour n'est que plus doux après ces démêlés,
Et l'on s'en aime mieux de s'être un peu brouillés.

ACANTE.

Tu nous as cependant engagés l'un & l'autre.

LAURETTE.

Je viens faire cesser & sa peine & la vôtre:
Mais il faut composer pour un avis si doux,
J'entens qu'il me remette en grace auprès de vous.

ISABELLE.

Oui, dis.

LAURETTE.

J'entens qu'aussi Monsieur soit sans colere.
Contre l'ami Champagne.

ACANTE.

Oui, quoi qu'il ait pû faire,
Si tu veux l'épouser, je lui ferai du bien;
Hâte notre bonheur, nous aurons soin tu tien;
Instruits-nous du succès qui nous rend l'espérance.

LAURETTE.

Le vieillard que Champagne avoit conduit en France,
Que ma maîtresse avoit fait pratiquer par nous,
Pour venir assurer la mort de son époux,

Pour ses péchés, sans doute, & pour sa honte extrême,
Au lieu d'un faux témoin, est son époux lui-même.

ISABELLE.

Mon pere !

LAURETTE.

Oui, c'est mon maître : il est fort irrité
De l'oubli de Madame en sa captivité :
De se faire connoître il a sçû se défendre,
Exprès pour la confondre, & pour la mieux surprendre.
Votre bonheur est sûr par cet heureux retour.

ACANTE.

Nous devons craindre encor mon pere & son amour.

LAURETTE.

Un amour de vieillard aisément se surmonte ;
Mon maître là-dessus l'a tant comblé de honte,
L'a si bien chapitré, qu'au point qu'il est confus,
Quand il voudroit vous nuire, il ne l'oseroit plus ;
Il faut qu'il tienne enfin sa parole donnée,
Et mon maître au plûtôt veut voir votre hymenée.

ACANTE.

Se peut-il...

LAURETTE.

En transports ne perdez point de tems,
Venez trouver celui qui vous rendra contens,
Il brûle de vous voir, & lui-même m'envoie....

ISABELLE.

Allons.

ACANTE.

Allons enfin voir combler notre joye.

FIN.

APPROBATION.

J'AI lû par ordre de Monseigneur le Chancelier Garde des Sceaux, un Manuscrit intitulé, *la Mere Coquette*, *Piéce refondue & corrigée;* & je crois qu'on peut en permettre l'impression. A Paris, ce 14 Novembre 1768.

MARIN.

PRIVILEGE DU ROI.

LOUIS, par la grace de Dieu, Roi de France & de Navarre : A nos amés & féaux Conseillers, les Gens tenans nos Cours de Parlement, Maîtres des Requêtes ordinaires de notre Hôtel, Grand-Conseil, Prevôt de Paris, Baillifs, Sénéchaux, leurs Lieutenans Civils, & autres nos Justiciers qu'il appartiendra ; Salut. Notre amé le sieur COLLE', Nous a fait exposer qu'il désireroit faire imprimer & donner au Public ; les ouvrages suivans ; *la Partie de Chasse d'Henry IV, Comédie ; le Jaloux honteux de l'être ; la Mere Coquette, l'Andrienne, Piéces refondues & corrigées.* S'il Nous plaisoit lui accorder nos Lettres de Privilége pour ce nécessaires. A ces causes, voulant favorablement traiter l'Exposant, Nous lui avons permis & permettons par ces Présentes, de faire imprimer ledit Ouvrage autant de fois que bon lui semblera, & de le vendre, faire vendre, & débiter par tout notre Royaume pendant le tems de six années consécutives, à compter du jour de la date des Présentes. Faisons défenses à tous Imprimeurs, Libraires, & autres personnes de quelque qualité & condition qu'elles soient, d'en introduire d'impression étrangere dans aucun lieu de notre obéissance : comme aussi d'imprimer, ou faire imprimer, vendre, faire vendre, débiter, ni contrefaire ledit ouvrage, ni d'en faire aucun extrait sous quelque prétexte que ce puisse être, sans la permission expresse & par écrit dudit Exposant, ou de ceux qui auront droit de lui, à peine de confiscation des Exemplaires contrefaits, de trois mille livres d'amende contre chacun des contrevenans, dont un tiers à Nous, un tiers à l'Hôtel-Dieu de Paris, & l'autre tiers audit Exposant, ou à celui qui aura droit de lui, & de tous dépens, dommages & intérêts, à la charge que ces Présentes seront enrégistrées tout au long sur le registre de la Communauté des Imprimeurs & Libraires de Paris, dans trois mois de la date d'icelles; que l'impression dudit Ouvrage sera faite dans notre Royaume, & non ailleurs, en bon papier & beaux caracteres, conformément aux Réglemens de la Librairie, & notamment à celui du 10 Avril 1725, à peine de déchéance du présent Privilége; qu'avant de l'exposer en vente, le manuscrit qui aura servi de copie à l'impression desdits Ouvrages, sera remis dans le même état où l'approbation y aura été donnée, ès mains de notre très-cher & féal Chevalier-Chancelier Garde des Sceaux de France, le Sieur DE MAUPEOU; qu'il en sera ensuite remis deux Exemplaires dans notre Bibliotheque publique, un dans celle de notre Château du Louvre, un dans celle dudit Sieur DE MAUPEOU; le tout à peine de nullité des Présentes: du contenu desquelles vous mandons & enjoignons de faire jouir ledit Exposant & ses ayans causes, pleinement & paisiblement, sans souffrir qu'il leur soit fait aucun trouble ou empêchement. Voulons que la copie des Présentes qui sera imprimée tout au long au commencement ou à la fin dudit Ouvrage, soit tenue pour duement signifiée, & qu'aux copies collationnées par l'un de nos amés & féaux Conseillers, Secrétaires, foi soit ajoutée comme à l'Original. Commandons au premier notre Huissier ou Sergent sur ce requis, de faire pour l'exécution d'icelles tous actes requis & nécessaires, sans demander autre permission, & nonobstant clameur de Haro, Charte Normande & Lettres à ce contraires: car tel est notre plaisir. Donné à Versailles le dix-septiéme jour du mois de Novembre l'an de grace mil sept cent soixante-huit, & de notre Regne le cinquante-quatrieme. Par le Roi en son Conseil.

Signé, LEBEGUE.

Registré sur le Registre XVII de la Chambre Royale & Syndicale des Libraires & Imprimeurs de Paris, N°. 354. fol. 561, conformément au Réglement de 1723. qui fait défenses art. quarante-un, à toutes personnes de quelques qualités & conditions qu'elles soient, autres que les Libraires & Imprimeurs, de vendre, débiter, faire afficher aucuns livres pour les vendre en leurs noms, soit qu'ils s'en disent les Auteurs ou autrement, & à la charge de fournir à la susdite Chambre neuf exemplaires prescrits par l'Article 108. du même Réglement. A Paris ce 26 Novembre 1768. BRIASSON, Syndic.

www.ingramcontent.com/pod-product-compliance
Lightning Source LLC
LaVergne TN
LVHW010614110826
845149LV00003B/903

* 9 7 8 2 0 1 1 8 8 1 7 9 3 *